Yo, ________________

dedico este libro a ________________:

Que el «Maestro de maestros» le enseñe que en las fallas y lágrimas se esculpe la sabiduría.

Que el «Maestro de las emociones» le enseñe a contemplar las cosas sencillas y a navegar en las aguas de la emoción.

Que el «Maestro de la vida» le enseñe a no tener miedo de vivir y a superar los momentos más difíciles de su historia.

Que el «Maestro del amor» le enseñe que la vida es el espectáculo más grande en el teatro de la existencia.

Que el «Maestro inolvidable» le enseñe que los débiles juzgan y desisten, mientras los fuertes comprenden y tienen esperanza.

No somos perfectos. Decepciones, frustraciones y pérdidas siempre ocurrirán.

Pero Dios es el artesano del espíritu y del alma humana. No tenga miedo.

Después de la más larga noche vendrá el más bello amanecer. Espérelo.

_____/_____/_____

DR. AUGUSTO CURY

Análisis de la Inteligencia de Cristo

El Maestro inolvidable

Jesús, el mayor formador de pensadores de la historia

GRUPO NELSON
Una división de Thomas Nelson Publishers
Desde 1798

NASHVILLE DALLAS MÉXICO DF. RÍO DE JANEIRO

Publicado en Nashville, Tennessee, Estados Unidos de América.
Grupo Nelson, Inc. es una subsidiaria que pertenece
completamente a Thomas Nelson, Inc.
Grupo Nelson es una marca registrada de Thomas Nelson, Inc.
www.gruponelson.com

Título en portugués: *O Mestre Inesquecível*

Publicado por GMT Editores Ltda.
Rio de Janeiro, Brasil

Traducción: *Maria Fernanda Oliveira*
Adaptación del diseño al español: *www.blomerus.org*

ISBN: 978-1-60255-135-0

Impreso en Estados Unidos de América

09 10 11 12 13 BTY 9 8 7 6 5 4 3 2 1

Él fue el mayor educador de la historia.
Transformó el árido suelo de la personalidad
humana en un jardín de sueños.

Contenido

Prefacio

Completo esta colección dando gracias a todos los lectores de todas las partes del mundo donde se han publicado estos libros. Ha habido padres y monjas cuyas vidas nunca más volverán a ser las mismas. Pastores se han liberado de trastornos emocionales y ahora están ayudando a miles de personas con idénticos problemas.

Psicólogos han recomendado mis libros a pacientes con síndrome de pánico y estrés. Psiquiatras los recomiendan para pacientes deprimidos. Profesores universitarios los han adoptado en sus clases de psicología, derecho, pedagogía, administración, asistencia social y otras.

Budistas e islámicos están encantados con la inteligencia de Cristo y han utilizado estos libros como manual de vida. Personas de todos los niveles, desde empresarios a trabajadores del aseo, desde intelectuales a personas con poca instrucción, han ampliado sus vidas al descubrir lo grandioso de la humanidad de Jesucristo.

Sin embargo, es probable que yo haya sido el más beneficiado con estos estudios. Como psiquiatra, como científico de la psicología y principalmente como ser humano he aprendido mucho. Cada vez que analizo los secretos del funcionamiento de la mente y busco, a partir de ese análisis, comprender la personalidad de Cristo, me doy cuenta de lo pequeña que es nuestra ciencia. Como lo comento en otros libros de esta colección, a pesar de ser la persona más famosa de la tierra, Jesucristo es también la más desconocida. La ciencia no se ocupa de él.

Con el Maestro de los Maestros aprendí que el arte de pensar es el tesoro de los sabios. Con él aprendí a pensar más antes de reaccionar, a exponer y no a imponer mis ideas y a entender que cada persona es un ser único en el palco de la existencia.

Con el Maestro de las Emociones aprendí a navegar en las aguas de las emociones, a no temer al dolor, a buscar un profundo significado para la vida y a percibir que en las cosas más sencillas y anónimas se ocultan los secretos de la felicidad.

Con el Maestro de la Vida aprendí que vivir es una experiencia única, bellísima, pero muy breve. Y, por saber que la vida pasa tan rápido, siento la necesidad de comprender mis limitaciones y aprovechar cada lágrima, sonrisa, suceso y fracaso como una oportunidad preciosa para crecer.

Con el Maestro del Amor aprendí que la vida sin amor es un libro sin letras, una primavera sin flores, una pintura sin colores. Que el amor calma la emoción, tranquiliza el pensamiento, aviva la motivación, rompe inmensos obstáculos y hace de la vida una agradable aventura: sin tedio, angustia o soledad.

Por todo eso, Jesucristo vino a ser para mí un Maestro Inolvidable.

Hoy, mis libros son publicados en más de cuarenta países pero eso no me enorgullece, pues aprendí con la inteligencia de Cristo que la grandiosidad del ser humano está directamente relacionada a su capacidad de hacerse pequeño. Quien perdió la capacidad de vaciarse, dejó de aprender, dejó de pensar.

Después que descubrí la personalidad del ser más sorprendente que haya pisado esta tierra, no puedo dejar de encantarme con él. Esta colección, ni de lejos agota el tema. Es posible que escriba otros libros acerca de Jesús, pues él guarda los tesoros más sorprendentes de la inteligencia espiritual, multifocal, emocional, interpersonal, lógica e intra psíquica.

En este último libro estudiaremos el aspecto de Cristo como maestro, como educador y como artesano de la personalidad. Regresaremos al inicio de su jornada desde su encuentro con Juan el Bautista y cuando llamó a algunos jóvenes galileos para que lo siguieran. Comentaremos temas ya tratados en los otros libros de esta colección, pero aquí analizaremos hechos y eventos desde la perspectiva del desarrollo de la inteligencia de sus discípulos.

Científicos, empresarios y políticos que dedicaron sus vidas a un proyecto temporal, cuando murieron sus esperanzas quedaron sepultadas en el espacio pequeño y frío de una tumba. Los discípulos del Maestro Inolvidable entregaron sus vidas a un sueño que trasciende el mundo físico, el sueño de vivir intensamente en esta tierra y en la eternidad.

Los discípulos tenían muchos problemas. Eran hombres frágiles que se equivocaban, pero el sueño del Maestro de los Maestros los controlaba. Bajo su cuidado, aprendieron a amar la vida de cada ser humano. Y llegaron a ver más allá de la cortina del tiempo. Cuando cerremos definitivamente los ojos, comprobaremos si ellos tenían razón o no. La muerte puede reservarnos más sorpresas que la propia vida.

La educación en todo el mundo está en crisis. Formamos repetidores de información y no pensadores. Raramente encontramos creadores brillantes de ideas originales incluso entre maestros y doctores. Las fallas de la educación realzaron la psiquiatría. Históricamente, siempre ha habido trastornos emocionales, pero nunca en los niveles y en la intensidad que estamos observando hoy día.

En este libro estudiaremos a una persona que inauguró la más excelente educación y el más notable proceso de transformación de la personalidad. Analizaremos la personalidad de los discípulos antes y después de conocer y vivir con Jesús. Los secretos del Maestro de los

Maestros podrán ampliar los horizontes sobre la psiquiatría, la psicología y las ciencias de la educación.

Comprenderemos por qué él escogió a personas tan sencillas, incultas y llenas de conflictos emocionales, transformándolas en excelentes pensadores que revolucionaron la historia.

Aunque este libro sea un estudio de filosofía y psicología, el lector encontrará también referencias a textos de los Testamentos Antiguo y Nuevo, con indicación del autor, del capítulo y del versículo donde se encuentran. Sugiero que independientemente de su creencia, usted tenga una Biblia al alcance de la mano. La lectura de esos textos, en el contexto en que se presentan, promoverá un conocimiento mayor de esa figura única y fascinante que, con sus palabras, comportamientos y actitudes, revolucionó el mundo y el espíritu humano.

AUGUSTO JORGE CURY

1 | Características intrigantes de la personalidad de Cristo

Los sueños sorprendentes de un hombre que vivió en el desierto

Hace muchos siglos, un hombre extraño vivió en la tierra árida e infecunda del desierto. Su ropa era tosca, hecha de piel de animales. Su dieta, aún más extraña, la componían insectos y miel de abejas. El sol, el viento y el polvo le habían puesto la piel reseca, y deshidratada. Los cabellos eran desgreñados; la barba, larga y descuidada.

El viento era su compañero. Desde su temprana edad le dio las espaldas a la civilización. Estaba preparado para morir, y que sus huesos fueran abandonados en algún rincón perdido. Pero ese hombre extraño del desierto soñaba como cualquier ser humano. Sus sueños eran tan grandes que le robaban la tranquilidad. Soñaba con alguien que no solo conocía los conflictos y las miserias sociales sino que cambiaría el mundo.

Cierto día dejó de soñar y comenzó a actuar. Salió de la aridez del desierto y se acercó a la brisa de un río. En sus orillas, comenzó a hablar del hombre de sus sueños y de los sufrimientos humanos. Para sorpresa de todos, era elocuente y osado. Hablaba a gritos. Las personas temblaban al oírlo. Sus palabras, lejos de calmar el alma, exponían las heridas. Criticaba los errores, las injusticias, la manipulación de los pequeños por los grandes, la hipocresía religiosa.

Los fariseos, famosos por ser moralistas y versados en la ley de Dios, quedaron asombrados con su discurso. Ese hombre de extraña apariencia juzgaba falsa la postura religiosa reinante. No tenía compromiso alguno con la sociedad, no sabía qué era el status social ni poseía intereses ocultos. Solamente quería ser fiel a sus sueños. Decía a los líderes religiosos que ellos eran verdugos pues apresaban a las personas en el mundo egoísta de sus vanidades y verdades.

Por primera vez en la historia, alguien llamó a la casta más noble de religiosos raza de víboras: bellos por fuera, pero venenosos por dentro (Mateo 3.7). No se incomodaban con las lágrimas de los menos favorecidos. Les faltaba amor por cada miserable de la sociedad. Solo se amaban a ellos mismos.

El hombre del desierto era tan osado que ni siquiera dejó de atacar al violento gobernador de aquellas tierras: Herodes Antipas. Tal osadía; sin embargo, le costó caro. No tardó mucho en ser decapitado (Mateo 14.10). Pero a él poco le importaba morir. Quería mantenerse fiel a su conciencia. Su nombre era Juan, y lo apodaban el Bautista. Por fuera era un Juan más; por dentro, un hombre que quería volcar el mundo boca abajo. Inauguró la era de la honestidad de conciencia, una era que hace mucho se perdió, sobre todo en los días actuales, donde la apariencia vale más que el contenido. El ser humano puede estar pútrido por dentro, pero exteriormente, si tiene fama y dinero, es valorado.

Usando solamente la herramienta de las ideas, Juan afrontó el impermeable sistema religioso judío y el intocable Imperio Romano. Sus ideas contagiaron a muchos. De los grandes a los pequeños, las personas de toda Judea, de Galilea y de Jerusalén afluían para oírlo a las orillas del río Jordán. Sus palabras cambiaban la mente de las personas y abrían las posibilidades de sus pensamientos.

Persuadidas por él, las gentes entraban en las aguas del río Jordán y salían para escribir una nueva historia. Llamado bautismo, ese gesto revelaba un símbolo psicológico fascinante, un cambio en la ruta existencial después de la inmersión en las aguas cristalinas del río. Gotas de esperanza se escurrían por el alma de las personas mientras gotas de agua corrían por los pliegues de la cara. La sonrisa había regresado.

El hombre de sus sueños: el marketing personal

Las multitudes quedaban fascinadas ante los intrépidos discursos de Juan. Pero cuando todos lo admiraban y exaltaban sus ideas, vino la gran sorpresa: Juan habló, por fin, del hombre de sus sueños, el hombre que por muchas noches ocupara el escenario de su mente. Todos quedaron paralizados con sus palabras. «¿Podría haber alguien mayor que el valiente Juan?»

Para sorpresa de sus oyentes, dijo algo asombroso acerca del hombre de sus sueños. Dijo que esa persona era tan grande que él no era digno de desatarle las correas de su calzado (Lucas 3.16). ¿Qué hombre era ése, a quien el valeroso Juan daba un status que ningún rey jamás pudo tener?

En su entendimiento, aquel que durante décadas había aguardado en el desierto, y a quien no conocía personalmente, era el Hijo del Dios Altísimo visitando a la humanidad. El Autor de la vida enviaba a su Hijo al mundo para que tuviera la más enigmática experiencia: vivir la vida humana y escudriñar cada espacio de la emoción, cada área de las mentes, cada rincón del consciente y del inconsciente humano.

El hombre del desierto no temía a nada ni a nadie. Sabía que desafiar sin armas y públicamente al sistema político y religioso lo exponía a morir en cualquier momento. Pero ese miedo no lo perturbaba. Cuando mencionaba al hombre de sus sueños, mostraba el otro lado de su personalidad: una reverencia fascinante. Postulaba para sí solamente el papel de precursor de un hombre que venía a rescatar a la humanidad y cambiarla para siempre. Las palabras de Juan abrían de par en par las ventanas de la imaginación de sus oyentes.

Algunos enviados por los sacerdotes y fariseos preguntaron a Juan quién era él. Su respuesta fue enigmática y confundió a todos: «Yo soy la voz que clama en el desierto, enderezad el camino del Señor» (Juan 1.23). ¿Por qué «el Señor», que los judíos juzgaban ser el Dios Omnipotente, necesitaría de un ser humano, y sobre todo de un hombre extraño y sin cultura, para prepararle el camino?

Juan nació y creció al margen del sistema social. No se había contaminado por las vanidades, arrogancias e injusticias del sistema, que lo rechazó y lo condenó vehementemente.

El camino que a él se le encomendó preparar no era físico. Era el camino del corazón y del espíritu humano. Juan era un tractor sin frenos que había venido para arar los suelos pedregosos del alma humana, preparándolos para recibir al más fantástico, tierno y gentil sembrador: Jesús de Nazaret.

Para Jesús, la humanidad no era un proyecto fallido. Aunque las guerras, los estupros, los asesinatos, la violencia y las locuras sociales maculaban negativamente a la humanidad, él dedicó toda su vida a ese proyecto. El Maestro de la Vida quería alcanzar un nivel donde los tranquilizantes y antidepresivos más modernos no alcanzan a actuar.

Él no vino a reformar el ser humano, a darle un manual de conducta o a producir una paz temporal. Él vino para producir un nuevo ser. Nadie tuvo tan gran ambición. Jamás alguien apostó tanto a nosotros.

La imagen formada en el inconsciente colectivo

Tiempo después del encarcelamiento de Juan, Jesús lo elogió públicamente. Dijo que entre los nacidos de mujer nadie había sido igual a él en capacidad, valentía, determinación, paciencia y en la utilización del proceso psicológico para vencer la dureza del alma humana (Mateo 11.11).

Antes que Jesús apareciera, los seguidores de Juan pensaban en cómo sería el Mesías, el «ungido» de Dios que libertaría al ser humano de su cautiverio exterior e interior. Siete siglos antes, el profeta Isaías había anunciado la venida del Mesías. Pero el tiempo pasó y muchas generaciones murieron sin haberlo visto. Las palabras de Isaías se transformaron en un delirio para Israel. El pueblo soñaba con un gran Mesías que los viniera a libertar de la esclavitud y de la sumisión a Roma.

De todas las naciones, Israel era la única que no se sometía fácilmente al control romano, exigiendo, en cambio, un trato especial. El pueblo hacía frecuentes motines, y el imperio reaccionaba con violencia. Las palabras de Juan el Bautista alimentaban el ardiente anhelo por libertad. Cada una de sus frases era registrada en el centro de la memoria de sus oyentes, generando en el inconsciente colectivo la imagen idealizada de un héroe poderoso.

El hombre de los sueños de Juan se volvió el hombre de los sueños de miles de personas. Castigadas por el hambre y enfermedades en el alma, las personas anhelaban conocerlo. El dolor creó una increíble esperanza, por el sueño de días felices que habrían de venir.

Juan representaba los frágiles rayos del sol que inauguran el más bello de los amaneceres. Después de una larga noche de miedo e inseguridad, muchos judíos volvieron a sonreír. Pero el tiempo pasaba y el Mesías anunciado no aparecía. Expectativas intensas generan tres consecuencias. Si no se realizan, producen frustración. Si son correspondidas, dan placer. Si sobrepasan lo que se esperaba, generan exultación.

¿Qué produjo Jesús? Los dos extremos. Frustración, porque no se reveló como un héroe poderoso, sino como el Hijo del Hombre. Y exultación, porque nunca alguien había hecho lo que él hizo o hablado lo que él hablaba.

El grande y sencillo surgimiento

Pensar no es una opción sino que es una actividad inevitable. Nadie puede dejar de pensar. El pensamiento se puede desacelerar hasta interrumpirlo al punto que deje de ser un pensamiento. Ni cuando dormimos dejamos de pensar; por eso soñamos. Todos los días producimos miles de pensamientos.

Juan creció en el desierto. Tuvo contacto con pocas personas, pero debió de pensar mucho. Sus pensamientos estaban saturados de expectativas sobre Jesús, alguien a quien no conocía. Si bien eran primos, habían crecido separados. Sus padres María y José habían huido a Egipto, regresando después a la ciudad de Nazaret, en Galilea (Mateo 2.14). Sin duda que Juan ansiaba conocerlo.

¿Cuánto tiempo espera usted para que uno de sus sueños se haga realidad? Hay quienes abandonan los sueños en cuanto comienzan a enfrentar problemas. Otros tienen los sueños muy arraigados dentro de sí pero cuando atraviesan el valle de la frustración, los entierran con lágrimas. Juan esperó por tres décadas para que el suyo se cumpliera. ¡Cuántas noches frías, desencantos y momentos de angustia no habrá experimentado! Treinta años de calor, polvo y sequedad no lo desanimaron.

Juan amaba a quien no conocía. En medio de tantas expectativas, le asaltó una duda: ¿Cómo identificarlo cuando se encontrara con él? ¿Vendría como un gran rey, con una impresionante comitiva? ¿Serían sus ropas tejidas con hilos de oro estableciendo un fuerte contraste con las ropas de su precursor?

Las semanas pasaban y la multitud aumentaba a las orillas del Jordán. Inquietos, algunos se preguntaban: «¿Estará Juan sufriendo alucinaciones?»

Un día, un hombre apareció discretamente. Parecía uno más entre la multitud. Nada lo distinguía de los otros. Sus ropas eran comunes. No venía acompañado de una escolta. Sus movimientos eran apacibles y no revelaban el poder de un rey, sino la sensibilidad de un poeta. No llamaba la atención de nadie. Sin duda, sería un sediento más, deseoso de oír las palabras del hombre del desierto.

Sin apresurarse, se fue abriendo paso entre la multitud. Tocaba los hombros de las personas y pedía permiso con una sonrisa. Así se fue acercando. ¡Ese no podía ser el Mesías proclamado por Juan, pues en nada se parecía a la imagen que las personas se habían hecho de él! Esperaban a alguien sobrehumano, ¡pero este era un hombre tan normal! Esperaban a un hombre con el semblante de un rey, ¡pero su rostro estaba quemado por el sol y, sus manos, endurecidas por el trabajo!

Continuó acercándose. No había agresividad en sus movimientos, pero sí dulzura en sus ojos. El hombre que habría de cambiar el destino de la humanidad estaba escondido bajo la piel de un carpintero. Nunca nadie tan grande se había hecho tan pequeño para hacer tan grandes a los pequeños.

Con el agua del río llegándole a las rodillas y sin haberse percatado que estaba viniendo a su encuentro, Juan estaba otra vez hablando de la persona más poderosa de la tierra. Súbitamente, se abrió un espacio en la multitud. El hombre de los sueños de Juan estaba allí, pero nadie se dio cuenta. Entonces, las miradas de los dos se cruzaron. Juan quedó petrificado. Interrumpió su discurso. Nada en el aspecto exterior de aquel hombre indicaba que era él, pero, de alguna forma, Juan supo que sí lo era. Sus ojos se posaron en Jesús de Nazaret contemplándolo atenta y embebidamente.

Los ojos de Juan deben de haberse llenado de lágrimas. Tantos años habían pasado y tantas noches mal dormidas esperando a este hombre único. Y ahora, estaba allí, real, delante de sus ojos. Su alma se inundó de esperanza.

Esperanza para los miserables, para los desesperados, para los que hubiesen perdido la motivación para vivir, para los aquejados de trastornos emocionales, para los ansiosos y abatidos. Esperanza también para los felices, para los que hubieren tenido el privilegio de conquistar los más estruendosos éxitos pero que eran conscientes que la vida, por más bella y exitosa que sea, es breve y efímera.

¡Sí! No solo los miserables necesitan de esperanza sino que también los felices, pues para estos como para aquellos los días terminarán igualmente y nunca más verán a las personas que aman, ni las flores de los campos, ni oirán el canto de los pájaros.

La vida, por más larga que sea, transcurre dentro de un pequeño paréntesis del tiempo. Todos los mortales necesitan de esperanza. La esperanza era el nutriente interior de Juan. Solo eso explica por qué, siendo alguien tan lleno de talentos, haya decidido cambiar el bienestar social por la sequedad del desierto.

El poder se vistió de dulzura

Al ver a Juan paralizado, la multitud cayó en un absoluto y total silencio. No entendían qué estaba ocurriendo, solo sabían que, de repente, el rostro de aquel hombre valeroso había transformado en el rostro de un niño. Parecía que estaba viviendo el momento más feliz de su vida.

La mirada de Jesús, penetrante e inconfundible, transformó en Juan sus años duros vividos en el desierto, en un oasis. Al volver a hablar, Juan cambió el discurso. Dejó de comentar las miserias, las hipocresías, el apego a la fama, la estupidez del poder, las fragilidades, las arrogancias humanas. Depuso el tono de osadía. Él, que había dado al Mesías anunciado un status mayor que el que se daba al emperador romano, ahora estaba perplejo. La mansedumbre de Jesús lo contagió. Había serenidad en su expresión, amabilidad en sus actos. El poder se vistió de dulzura y mansedumbre, una paradoja que habría de acompañar toda la vida de Jesús. Más tarde, revelaría un poder que nunca hombre alguno llegó a tener, pero, al mismo tiempo, demostraría una amabilidad nunca vista. Pronunciaría sermones imponentes, pero su capacidad de comprensión y compasión alcanzaría niveles inimaginables.

Juan percibió, aunque parcialmente, los contrastes que caracterizarían el quehacer de Jesús. Impresionado, dijo una frase poética, no sobre el poder de Jesús sino sobre su capacidad de amar y de entrega: «He aquí el Cordero de Dios, que quita el pecado del mundo» (Juan 1.29). El hombre de quien no era digno de desatar la correa del calzado era un Cordero manso que moriría por él y por todo el mundo.

¡Qué contraste! Hemos estudiado las personalidades de hombres famosos como Freud, Van Gogh, Hitler, pero nadie es tan difícil de ser investigado como Jesús. Fueron necesarios veinte años de exhaustiva pesquisa acerca del proceso de construcción de los pensamientos para poder entender un poco las entretelas de su personalidad.

El cambio en el discurso de Juan confundió a las gentes. No eran esas las palabras que la multitud esperaba oír cuando Juan les señalara al Cristo. Más bien parecían esperar que dijera: «He ahí el poderoso rey que os libertará de Roma». Me pongo en la situación de esas personas sufridas que tenían que sacar el pan de la boca de los hijos para pagar los impuestos a Roma. Seguramente yo me hubiera sentido muy frustrado.

Las gentes estaban confundidas y se sentían perdidas. Jamás alguien había dicho que un hombre era un cordero. Nada podía sonar más raro. Es más, jamás nadie había dicho que un hombre se trasformaría en el Cordero de Dios que libertaría al mundo de sus miserias.

La gente quería seguridad, libertad y comida en la mesa. No soportaban la arrogancia de los soldados romanos. Querían ser libres para andar, hablar, correr, pero Jesús les diría que si el ser humano no es libre dentro de sí, jamás lo será externamente. Lo que querían era un analgésico para aliviar el síntoma, pero Jesús les daría el remedio que combatiría la causa de la enfermedad. Ellos querían un reino temporal, pero él les presentaría un reino eterno.

Pero Jesús aún no había hablado. Nadie osaba imaginarse que hablaría de propuestas que sacudirían al mundo. El hombre de los sueños de Juan provocó, en el primer momento, una gran frustración. No era el hombre que estaba en la fantasía de las personas.

Un hombre sorprendente

Después que Juan lo hubo presentado, todos esperaban que Jesús pronunciaa un gran sermón. Pero él, optando por el silencio, entró en las aguas del Jordán para cumplir el ritual simbólico del bautismo. Dejaría de ser el carpintero de Nazaret, cambiaría su hoja de ruta después de treinta largos años de espera para ser el Maestro de los Maestros, el Maestro de las Emociones, el Maestro de la Vida, el Maestro del Amor. Enseñaría al mundo a vivir.

Juan rehusó bautizarlo. Pensaba sin duda que un rey no puede humillarse ante un súbdito. Pero el rey se humilló, en una actitud paradojal que habría de repetirse por el resto de su vida.

El Maestro de los Maestros no buscó convencer a la multitud de su identidad. De haberlo hecho, sin duda que la habría impresionado, pero se calló. Muchos contratan a comunicadores para que les escriban elogios en las páginas sociales. Pero Jesús apreciaba el anonimato. Juan quedó maravillado con su humildad, pero la multitud quedó confundida. El choque fue inevitable. El sueño de aquellas personas había saltado en pedazos.

Jesús de Nazaret entendía de maderas y de clavos pero parecía no tener sabiduría para atraer a las personas; sin embargo cuando comenzó a hablar, todos quedaron perplejos. Estaban oyendo a uno de los más grandes oradores de todos los tiempos. El valor y la gentileza se entrelazaban en su oratoria. Raramente alguien fue tan sensible y valiente en el terreno de la censura. Expresarse contra el sistema político judío era, entonces, tan peligroso como hablar hoy contra cualquier dictador en el poder. La inteligencia de Jesús era asombrosa. Hablaba con los ojos y con las palabras. Nadie se resistía a su encanto. Maravillaba a meretrices e intelectuales, a moribundos y a abatidos. Sus palabras incomodaban tanto que provocaban el odio de los fariseos. Después que el Maestro de los Maestros apareció, los intelectuales, que formaban una parte importante de la sociedad local, se sintieron debilitados.

A pesar de odiarlo, los fariseos iban con él a dondequiera que él fuera para beber un poco de su intrigante sabiduría. Con frecuencia le preguntaban: «¿Quién eres tú? ¿Hasta cuándo dejarás nuestras mentes en suspenso?» Pero cuanto más preguntaban, más eran víctimas de la duda.

Ellos querían señales, hechos milagrosos, como la separación de las aguas del mar Rojo. Pero el Maestro quería abrirles las ventanas de la inteligencia. Los fariseos llegaban siempre antes o después de los acontecimientos sobrenaturales. Nunca lo entendieron, pues no hablaban el lenguaje del corazón, ese idioma a través del que se expresa una mente multifocal, abierta, libre. En el día de hoy, Jesús reúne a billones de admiradores, pero sigue siendo un gran desconocido.

¿Logra usted comprenderlo? Tratar de conocerlo es el mayor desafío de la ciencia. ¡Es la mayor aventura de la inteligencia!

Discípulos descalificados para transmitir un sueño

Jesús deseaba tener discípulos para revelarles los misterios de la vida; llevarlos a conocer los secretos de la existencia, secretos que los filósofos, la casta más sedienta de pensadores, siempre soñaron conocer. Jesús anhelaba actuar en la urdimbre de la personalidad de un pequeño grupo de seguidores y llevarlos a incendiar el mundo con sus ideas y su proyecto.

Quería esculpir en ellos el arte de pensar, de la tolerancia, de la solidaridad, del perdón, de la capacidad de ponerse en el lugar del otro, del amor, de la tranquilidad. ¿Cómo conseguir adeptos que confiaran en él sin usar presión social? ¿Cómo abrir las ventanas de la mente de sus seguidores, sin controlarlos? Para un rey es fácil dominar a las personas y someterlas a su voluntad. Pero Jesús, contra toda lógica, usaba la sensibilidad y la serenidad para alcanzar sus objetivos.

Al Maestro de la Vida no le sería fácil alcanzar sus objetivos. Tendría que convencer a las personas para que se dedicaran a un proyecto invisible. Hablaba sobre un reino de paz, justicia y alegría pero era un reino intangible, no palpable, era un reino no de esta tierra sino de los cielos.

Y había otros problemas graves. ¿A quiénes elegiría para que lo siguieran? ¿Cómo atraería a sus discípulos? Tal vez no lo percibamos, pero Jesús tenía muchos motivos para fallar.

La universalidad de la vida: la gran tarea

La psicología y las ciencias de la educación no se han doblado a los pies del Maestro de los Maestros solo porque no lo conocen. Si lo conocieran, incluirían en sus temas de estudio la espectacular psicología y la pedagogía del mayor pensador de la historia.

El Maestro deseaba formar pensadores en la gran universidad de la vida, una universidad donde muchos científicos e intelectuales son pequeños alumnos. La universidad clásica forma, con excepciones, a hombres egoístas e inmaduros. Raramente alguien dice: «En mi facultad aprendí a ser sabio, a amar a la vida, a superar conflictos y a ser solidario».

La universidad deforma a los alumnos, sofoca la creatividad, apaga el arte de la duda, destruye la osadía y la sencillez, roba de ellos lo mejor que tienen. Los jóvenes son entrenados para usar la memoria como depósitos de información, pero no para pensar, para tener sutileza, perspicacia, seguridad, osadía. Reciben diplomas, pero no sabiduría. Saben hablar de temas lógicos, pero tropiezan en las pequeñas dificultades emocionales.

El Maestro de la Vida quería formar pensadores que conocieran el alfabeto del amor. Creyó en el ser humano. Creyó en cada uno de nosotros, a pesar de todas nuestras fallas. Honró a personas sin honra y dijo al paralítico del cuerpo y de la inteligencia: «¡Tú puedes!». Amó a los que no lo amaron. Se entregó a quienes no lo merecían.

Si usted siente que se equivoca con frecuencia, que tiene muchos conflictos y que carece de cualidades intelectuales para brillar afectiva y profesionalmente, no se desanime. Si estuviera viviendo cerca del Mar de Galilea, probablemente sería uno de los escogidos para seguir a Jesús. Él apreciaba especialmente a las personas problemáticas. Mientras más tropezaran y dieran trabajo, más las apreciaba y más se ocupaba de ellas.

Veamos cómo y a quiénes escogió como su primer grupo de seguidores.

2 | Una invitación insólita, un llamado irresistible

Pequeños momentos que cambian una historia

La vida está hecha de circunstancias. Pequeños detalles pueden cambiarle el destino a cualquiera. Alguien se retrasa algunos minutos en llegar a un compromiso, y su retraso lo lleva a conocer a la persona que terminará siendo el hombre o la mujer de su vida.

Durante años, un amigo mío tuvo que soportar a un compañero de trabajo ansioso y difícil, controlándose constantemente para no manifestar su irritación. Un día no pudo más y reaccionó con palabras duras. Al darse cuenta de su error, no dudó en disculparse. Fueron diez segundos de humillación que dieron origen a vínculos que años de trabajo no habían producido. A partir de entonces fueron grandes amigos.

Un beso en la mejilla de una persona a quien ama puede hacer milagros. Quizás en algún momento la ofendió sin darse cuenta, pero ese sencillo beso tuvo la virtud de sanar una herida que se mantenía abierta. Produjo afecto, destapó la emoción, devolvió la alegría.

Los que desprecian las pequeñas circunstancias difícilmente harán grandes descubrimientos. Momentos aparentemente insignificantes cambian grandes rutas. Si usted quiere escribir una bella historia de su vida, no olvide que los pequeños detalles inauguran grandes capítulos.

Fue lo que ocurrió hace muchos siglos en la vida de algunos hombres que vivían cerca del Mar de Galilea. Pequeños momentos cambiaron sus vidas, y ellos cambiaron la historia y nuestra forma de ver la existencia. La humanidad nunca más fue la misma. Veamos qué sucedió.

La personalidad construida bajo el fragor de las ondas

Algunos hombres, aún jóvenes, que vivían cerca de un mar de rara belleza crecieron oyendo el murmullo de las aguas. El viento acariciaba la superficie del mar, levantando el espejo de agua y formando olas en un espectáculo sin fin. Desde que eran niños habían disfrutado jugando en la arena, familiarizándose con el mar.

Así había transcurrido su vida. Sus abuelos habían sido pescadores, sus padres eran pescadores y ellos serían pescadores y sin duda que habrían de morir como pescadores. Su destino estaba trazado. Su mundo era el Mar de Galilea. ¿Sus sueños? Aventuras, olas e incursiones mar adentro. Cuando la pesca era escasa, la vida se tornaba ardua.

Lanzar y recoger las pesadas redes era extenuante. Después de las largas jornadas de trabajo, los músculos se resentían. Soportar el viento y la furia de las olas durante toda la noche no era trabajo para cualquiera. Y lo peor, frecuentemente el resultado era frustrante. A veces no pescaban nada. Al regresar, desanimados y cabizbajos, reconocían el fracaso: las redes estaban livianas y el corazón pesado.

Cuando las cosas salían mal, les desagradaba esa forma de vida. Todos los días las mismas personas, los mismos obstáculos, las mismas inseguridades. En los momentos de mayor desánimo se proponían dejar todo aquello. Pero ya habían escuchado a sus padres diciendo la misma cosa, y nada había cambiado ni nada cambiará. El enojo surge cuando hay frustración, pero se disipa ante la realidad. En aquella época sobrevivir en Israel era difícil. Arriesgarse para cambiar de vida era casi un delirio.

Pedro, el mayor, se casó siendo aún joven. Había demostrado ser un hombre decidido. Aunque reclamara cuando la pesca era mala, su porción de frustración no era suficiente para dejar las redes. Su hermano Andrés era más discreto y tímido. Probablemente los dos morirían siendo pescadores. Sabían que la miseria era la consecuencia más evidente de un pueblo dominado por el Imperio Romano. Las naciones sojuzgadas debían sostener la pesada maquinaria de Roma, con su burocracia y sus ejércitos.

En la misma playa, no muy lejos de allí, otros dos jóvenes, Jacobo y Juan, ayudaban a su padre, Zebedeo, a remendar las redes. Zebedeo era un judío próspero. Tenía barcos y trabajadores. Pero, a lo que parece, la base de la educación de los hijos venía de la madre quien era una mujer valiente, de aquellas que alientan las ambiciones legítimas de esta vida. Era una judía fascinante que honraba la tradición que permanece viva hasta hoy: «Un hombre solo es judío si su madre es judía». La fuerza de una madre es imbatible; con una mano acaricia el rostro de los hijos, con la otra dirige sus corazones y mueve el mundo.

Ella quería que sus hijos brillaran. Tal vez soñaba con levantar la mayor empresa de pesca de Galilea. Aunque ambiciosos, Jacobo y Juan poseían una cultura que no les permitía pensar mucho más allá de barcos, redes y peces. La estructura empresarial familiar, por lo tanto, llevaría a esos dos jóvenes a seguir su único destino: la profesión del padre. Seguir otro camino habría sido una locura.

Zebedeo y su esposa los aconsejaban constantemente: «Nosotros trabajamos mucho para llegar a donde llegamos. ¡Cuidado! Ustedes pueden perderlo todo. Hay miles de personas muriendo de hambre. Jamás abandonen el negocio de su padre. Vivimos tiempos difíciles. ¡Ahorren! Preocúpense de reparar las redes».

Día a día, Jacobo y Juan escuchaban los consejos sabios de sus padres. Por lo tanto, era poco probable que se metieran en problemas. La palabra aventura no estaba en su diccionario. ¿Riesgos? Solo aquellos que el mar ocultaba.

Pedro, Andrés, Jacobo y Juan seguían la tradición de sus padres. Creían en un Dios que había creado el cielo y la tierra. Un Dios inalcanzable al que debían temer y reverenciar. Un Dios que estaba a años luz de las angustias, necesidades y ansiedades humanas.

Ellos no tenían por qué pasar las inquietudes acerca de los misterios de la vida. La falta de instrucción y el trabajar por la sobrevivencia no los estimulaba a grandes vuelos intelectuales. No tenían la más mínima idea sobre los secretos de la existencia humana. Tenían el pensamiento entenebrecido así como lo tienen hoy las personas que son esclavas de las presiones sociales del mundo moderno. Vivir, para ellos, era un fenómeno común, y no una aventura excitante.

Nada parecía capaz de modificar sus destinos. Pero acontecimientos aparentemente insignificantes cambiaron grandes trayectorias.

Una invitación perturbadora

Pedro y Andrés habían oído comentarios sobre los discursos de Juan el Bautista. Pero entre las ideas del hombre del río y la realidad de los hombres del mar había un espacio casi imposible de cruzar. Cierto día, los jóvenes pescadores echaron las redes en otro día de trabajo. No había nada diferente en el ambiente. Los esperaba la fatigante rutina de siempre.

De pronto, vieron a una persona distinta a las demás caminando por la playa. Sus pasos eran firmes, aunque lentos. La imagen antes distante, se acercó. Los pescadores detuvieron sus quehaceres y se dedicaron a observarlo. Aquel desconocido también detuvo su mirada en ellos. Un tanto incómodos, se miraron. Entonces, el desconocido rompió el silencio. Con voz firme, les hizo la propuesta más absurda del mundo: «Síganme, y yo los haré pescadores de hombres» (Mateo 4.19).

Aquellos jóvenes nunca habían oído palabras que tocaran los secretos de sus almas. Habían llegado a lugares donde los psiquiatras no podrían. Penetraron en sus espíritus y generaron un cuestionamiento sobre el significado de la vida, y por lo que vale la pena luchar.

Todos deberíamos, en algún momento de la existencia, cuestionar nuestra propia vida. Quien no lo hace será esclavo de su rutina, será controlado por ella y nunca verá nada más allá del velo del sistema. Vivirá para trabajar, cumplir obligaciones profesionales, tener un papel social pero terminará sucumbiendo en el vacío. Vivirá para sobrevivir hasta la llegada de la muerte.

Pedro y Andrés ya tenían su vida definida. La rutina del mar había ahogado sus sueños. Su mundo tenía pocos kilómetros. Pero inesperadamente apareció algo que les despertó el espíritu de aventura. Jesús les arrebató el corazón con una propuesta que revolucionaría sus historias.

El análisis psicológico de este pasaje impresiona, porque Jesús no dio grandes explicaciones sobre su propuesta. No hizo discursos ni milagros. Entre tanto, la forma como habló y la propuesta que hizo dejaron en brasas vivas el territorio de la emoción de Pedro y Andrés.

¿Quién se arriesgaría a seguirlo?

Jamás alguien había hecho propuesta semejante. Piense un poco. ¿Seguir a quién? ¿Cuáles eran las credenciales del hombre que les hizo la propuesta? ¿Qué implicaciones sociales y emocionales provocaría?

Jesús era un desconocido.; un hombre lleno de misterios. No tenía nada concreto que ofrecer. ¿Habría aceptado usted su oferta? ¿Habría dejado todo para seguirlo? ¿Habría dejado su rutina extenuante, pero segura para seguir un camino sin destino?

Jesús no les prometió poder. No les prometió un cielo sin tempestades, un camino sin fatigas, o una vida sin dolor. Sus ropas eran sencillas, su piel se veía castigada por el sol; no tenía secretarias ni dinero; no había una escolta detrás de él y, además, se movilizaba a pie.

¿Quién tendría valor para seguirlo? Y, más aún, ¿qué llegarían a ser los que lo siguieran? ¿Pescadores de hombres? Pedro y Andrés habían visto a sus abuelos y a sus padres luchando con el mar embravecido. Ellos también habían nacido para ser pescadores. ¿Pero ser pescadores de hombres? Jamás habían oído tal cosa. ¿Qué sería eso? ¿Cuál sería la finalidad? ¿Cómo se haría? Sin duda que era una propuesta rara y arriesgada.

¿Cómo habría reaccionado usted ante tal propuesta? Si se decidía por seguir a Jesús, imagínese el trastorno que se causaría a usted mismo y a sus seres queridos. ¿Qué explicación les daría a sus padres, a los amigos y a la sociedad? Todos estarían esperando algo de usted. Que fuera social y profesionalmente exitoso. Las personas entienden ciertos cambios en nuestras vidas, pero no un cambio tan radical. Seguir a aquel hombre aparecía como una locura. Sin embargo, al escuchar la voz del Maestro de los Maestros, los jóvenes galileos, que no amaban los peligros, lo arriesgaron todo por seguirlo.

Un llamado irresistible

Pedro y Andrés no entendían qué era lo que los había atraído como un imán; tampoco pensaron en las consecuencias de sus hechos, pero no pudieron quedarse más dentro del barco. Cualquier barco es demasiado pequeño cuando se tienen sueños tan grandes. Si pescar peces es una tarea grata, pescar hombres debía ser mucho más emocionante. Así es que, sin más trámite, dejaron el pasado y fueron tras aquel hombre a quien casi no conocían.

Para los familiares, aquello era una locura. Es posible que la esposa de Pedro, entre sollozos, estuviera preguntándose de qué iban a vivir. Muchas dudas y poca seguridad; sin embargo, en la mente de esos pescadores había muchos sueños.

Minutos después, Jesús encontró a otros dos, más jóvenes y más ingenuos. Se llamaban Jacobo y Juan. Estaban a la orilla del mar remendando las redes. Al lado de ellos, el padre y los empleados ocupados con otras tareas. Discretamente, Jesús se aproximó. Jacobo y Juan alzaron la vista. Él los miró y les hizo la misma e intrigante invitación. No los persuadió, no los amenazó ni los presionó, solo los llamó. Y «ellos, dejando inmediatamente el barco y el padre, lo siguieron» (Mateo 4.20). Un pequeño momento cambió sus vidas para siempre.

Zebedeo no podía creer lo que estaba ocurriendo. Lágrimas rodaron por su rostro. Se preguntaba, sin dar con la respuesta, por qué sus hijos estaban dejando las redes. Tal vez, jalándolos por el brazo, les dijo: «Hijos, no abandonen su futuro. Ustedes ni siquiera conocen a quien están queriendo seguir.»

Convencer al padre de que aquél era el Mesías no sería tarea fácil. Un Mesías no podía ser un hombre tan común y corriente. Los pescadores al servicio de Zebedeo se miraban sin entender. Viendo que nada los convencía, el padre decidió dejarlos partir. Tal vez haya pensado: «Los jóvenes son rápidos para decidir y rápidos para regresar: no tardarán en volver al mar.» Pero ellos nunca regresaron.

Dejaron inmediatamente las redes

La vida es un gran contrato de riesgo. Basta estar vivo para sufrir riesgos. Riesgo de fracasar, riesgo de ser rechazado, riesgo de decepcionarse con las personas, riesgo de no ser comprendido, riesgo de ser ofendido, de ser reprobado, de enfermarse. Hasta un virus, que es millones de veces más pequeño que un grano de arena, representa un gran riesgo.

Y como la vida es un gran contrato de riesgo, quien se protege como dentro de un capullo por miedo de enfrentar los riesgos, además de no eliminarlos, será siempre un frustrado. Es necesario valor para superar conflictos, encontrar soluciones y llevar a la realidad nuestros sueños y proyectos.

Un funcionario tímido que sigue estrictamente la rutina del trabajo, que busca no incomodar a nadie, que no emite opiniones sobre lo que piensa, podrá ser bien evaluado, pero difícilmente llegará a un puesto de dirección en la empresa. Y, si eso sucede, no estará preparado para enfrentar crisis y desafíos. Por otro lado, un aventurero desmedido, que no piensa en las consecuencias de sus hechos, que se enfrenta a riesgos por el simple placer de la aventura, también puede llevar a la empresa al fracaso.

Quedamos fascinados cuando analizamos, desde la perspectiva de los discípulos y de las transformaciones que ocurrieron en sus vidas, las biografías de Jesucristo, principalmente las que encontramos en los evangelios de Mateo y Marcos. A Felipe, él simplemente dijo: «Sígueme» (Juan 1.43). Bajo el impacto de esa sola palabra, él lo siguió. Los discípulos confrontaron riesgos intensos. Si bien no entendían la dimensión de la propuesta, sentían que era hecha por un hombre que valía la pena.

Aunque fueran inseguros, estos jóvenes galileos tuvieron, por primera vez, una osadía impresionante. No pensaron en los peligros que sufrirían, en las posibles persecuciones, en la provisión de sus necesidades básicas o en saber dónde dormirían. El llamado de Jesús conllevaba un deseo de cambiar el mundo; era sencillo pero fuerte y arrebatador como las olas del mar.

Trato de analizar lo que pasó en lo íntimo de la mente de esos jóvenes, pero reconozco mis limitaciones. Hay fenómenos que sobrepasan la previsibilidad lógica. Había algo de «magia», en el mejor sentido de la palabra, en la invitación de Cristo.

Era algo parecido, aunque mucho más fuerte, a la primera mirada que cautiva a dos amantes, a la inspiración del poeta que lo conduce a crear la más bella poesía, al descubrimiento de una respuesta que el científico ha buscado por años, al día en que, aunque rodeados por problemas, despertamos animados y nos decimos: «¡Qué bella es la vida!»

Una invitación que jamás dejó de repercutir en el corazón de las futuras generaciones

¿Cómo cambiar todos los planes y seguir a un desconocido? Si usted se decidiera a aceptar la invitación del Maestro de la Vida, ¿qué explicación daría a sus padres? ¿Entenderían sus amigos su actitud? ¿Qué justificación se daría a usted mismo?

Los conflictos eran inmensos. Pero sucedió algo en el alma y en el espíritu de esos jóvenes, llevándolos a arriesgar todo.

Es fascinante ver a las personas invirtiendo sus vidas en aquello que creen, en los sueños que las alimentan. La actitud de Pedro, Andrés, Juan y Jacobo se ha repetido innumerables veces a lo largo de los siglos. En cada generación, miles de personas han decidido seguir a Cristo. Seguir a alguien a quien no conocían; a alguien que nunca vieron antes, pero que en ese momento les tocó el corazón, con un toque que le dio un nuevo significado a sus vidas. ¿Qué misterio es ése?

Si analizamos la historia, veremos que muchas personas, como Agustín, Francisco de Asís, Tomás de Aquino y tantos otros, oyeron una invitación inaudible, un llamado inexplicable por la psicología, que los llevó a romper las estructuras del egoísmo y a preocuparse por los dolores y las necesidades de los demás. Un llamado que los estimuló a ser pescadores de seres humanos y a amarlos, llevarles alivio y brindarles ayuda. Seducidos por esas palabras inefables, dejaron atrás todo lo que tenían.

Dejaron redes, barcos y planes. Dejaron su profesión y su futuro, haciéndose íntimos seguidores del Maestro. Se convirtieron en líderes espirituales. En padres, pastores, monjas, misioneros; en personas anónimas que se entregaron sin medida viviendo para otros. Tal vez hayan tenido dificultad para explicar la razón por la que abandonaron el «mar», pero estaban convictos de que no pudieron resistir a la invitación del Maestro del Amor.

Antiguamente, se pensaba que arriesgarse para seguir a alguien invisible era señal de locura. Después de años de investigación científica acerca del funcionamiento de la mente, del desarrollo de la inteligencia y del ejercicio de la psiquiatría y la psicoterapia, admiro a esos hombres y mujeres muchos de los cuales no abandonaron sus actividades seculares pero donaron su tiempo, su dinero, su profesión y su corazón, tornándose igualmente poetas del amor.

Independientemente de su religión, de sus errores y de sus aciertos, invirtieron sus vidas en un plan trascendental. Aprendieron a amar al ser humano y a considerar la vida como un fenómeno que no se repetirá. Decidieron desarrollar una de las más nobles inteligencias: la inteligencia espiritual. Comprendieron que la vida es mucho más que el dinero, la fama o la seguridad material. Por eso, caminando a contravía del mundo moderno, buscaron los misterios que se ocultan más allá de la cortina del tiempo y del espacio.

Hoy, la humanidad se postra a los pies de Jesús gracias a la osadía de aquellos seguidores. En el primer siglo ser uno de sus discípulos era firmar el mayor contrato de riesgo de la historia. Por el hecho de que esos jóvenes tuvieron la osadía de seguirlo, sus ideas, pensamientos y reacciones han quedado registrados en la historia.

Las palabras de Jesús son utilizadas en todas las religiones. Mahoma en el Corán lo valora al extremo de llamarlo Su Dignidad. El budismo, aunque surgió antes de Cristo, incorporó sus principales enseñanzas. Pequeños eventos incendiaron civilizaciones y cambiaron la vida de millones de personas.

3 | La personalidad de los discípulos

Los discípulos serían reprobados por un equipo de selección

El material humano es vital para el éxito de una empresa. Se puede disponer de maquinarias, tecnología, computadoras, pero si no se cuenta con hombres creativos, inteligentes, motivados, que tengan visión del todo, que prevengan errores, que sepan trabajar en equipo y piensen a largo plazo, no se podrá hacer mucho.

Si hubiese habido un equipo de psicólogos especializados en evaluar la personalidad y el desempeño intelectual del individuo, asesorando a Jesús en la elección de sus discípulos, ¿habrían aprobado a estos jóvenes? Creo que no. Ninguno de ellos habría satisfecho los requisitos básicos.

Es probable que el equipo de psicólogos hubiese preferido recomendar a jóvenes de la casta de los escribas y fariseos para ser sus discípulos. Eran cultos, se comportaban finamente, tenían un alto nivel de ética y buena reputación social. Algunos no solo conocían el idioma hebreo sino también el latín y el griego. Tenían una amplia visión del mundo, conocían las Antiguas Escrituras y guardaban las tradiciones de su pueblo.

El Maestro de los Maestros, sin embargo, contra toda lógica, escogió conscientemente a jóvenes indoctos, rudos, agresivos, ansiosos, intolerantes. Si bien los discípulos se arriesgaron siguiéndolo, él se expuso a riesgos mayores al escogerlos. Jamás alguien había reunido a personas tan complicadas y sin preparación para asumir funciones de liderazgo. ¿Por qué Jesús haría una elección tan ilógica?

Él prefirió comenzar de cero, trabajar con jóvenes completamente descalificados en lugar de enseñar a jóvenes ya contaminados con el sistema, saturados de vicios y preconceptos. Prefirió la piedra bruta y no la piedra a medio labrar.

La personalidad de los discípulos

Analicemos la personalidad de algunos de los discípulos antes de encontrarse con el Maestro de la Vida. Las biografías de Jesús hablan muy poco de los discípulos; sin embargo, indirectamente nos revelan datos interesantes acerca de algunos de ellos. De Felipe y Andrés, dicen muy poco. De Bartolomé, Santiago (hijo de Alfeo) Tadeo y Simón (el zelote), casi nada. De Mateo sabemos solamente que era un recolector de impuestos, un publicano; que los publicanos eran odiados por los judíos porque estaban al servicio del Imperio Romano. Muchos eran corruptos y extorsionaban al pueblo. Los fariseos los rechazaban. Mateo, sin embargo, era una persona sociable. Cuando Jesús lo llamó se puso tan contento que hizo una fiesta para celebrar con sus amigos. En la fiesta estuvieron presentes otros recolectores de impuestos y hombres de mala reputación. Al observar la escena, los fariseos criticaron la reputación de Jesús. Alguien que pretendía hablar acerca de Dios no podría relacionarse con gente de aquel nivel.

Mateo era una persona detallista y estaba fascinado con Jesús. Por su condición de recolector de impuestos, seguramente tenía habilidades de escritor. Quizás tomó apuntes mientras anduvo con el Maestro, pues su evangelio contiene una riqueza notable de detalles que solamente un observador experto podría notar. Pero esos apuntes demoraron años para ser reunidos en un libro. ¿Por qué? En aquellos tiempos, la palabra escrita no era importante. Los discípulos transmitían el mensaje de Jesús en forma oral.

Fue solamente después que nuevas generaciones vinieron a agregarse a los seguidores de Jesús y la tradición oral comenzó a diluirse en el tiempo que las comunidades cristianas sintieron la necesidad de reunir los apuntes y recuerdos en libros, llamados evangelios. El evangelio de Mateo fue escrito probablemente treinta años después de la muerte de Jesús.

En el caso de Tomás, por ejemplo, podemos investigar solo algunos rasgos de su personalidad. Era rápido para pensar y rápido para dudar. Se movía según la lógica basada en la duda. Existe una duda positiva y una duda enfermiza. La duda positiva abre las ventanas de la memoria, rompe los paradigmas, recicla los preconceptos y expande el arte de pensar. Pero la duda de Tomás se basaba en la autosuficiencia. El mundo tenía que girar en torno de sus verdades, impresiones y creencias. Su duda estaba muy cerca a la desconfianza paranoica, pues dudaba de todo y de todos.

¿Es la suya una duda saludable o una duda enfermiza?

De la personalidad de Jacobo, hijo de Zebedeo, descubrimos algunas características descritas en el evangelio de su hermano Juan. Jacobo era un hombre osado, ambicioso e impaciente. Se volvió uno de los más íntimos amigos de Jesús. Después de la muerte del Maestro fue martirizado por causa de su amor por Jesús y por defender sus principios.

Me gustaría resaltar las características de tres discípulos: Pedro, Juan y Judas Iscariote. También analizaré con más detalles la personalidad de Pablo, que vino a integrar el grupo de seguidores ocho años después de la muerte de Jesús.

Las de Pedro y Juan probablemente representen las principales características del carácter de la mayoría de los discípulos. Nosotros las conocemos a partir de sus comportamientos evidentes y de las reacciones detectadas entre líneas, contenidas tanto en los evangelios como en las cartas que escribieron.

Las características de la personalidad de Judas Iscariote, que era la más disonante del grupo, se extraen partiendo del análisis de los evangelios. Las de Pablo, del análisis de sus cartas, principalmente de las palabras y reacciones reveladas en los momentos de mayor tensión.

Antes de comenzar a comentar la personalidad de los discípulos, me gustaría hacer una pregunta al lector. ¿Quién fue el discípulo más equilibrado? Hice esa pregunta a varias personas mientras escribía este libro, y la mayoría no acertó. Como veremos, fue Judas Iscariote. Él fue el más equilibrado, sensato y discreto de los discípulos. Probablemente Judas sería la única persona aprobada en una selección en que se aplicaran los criterios actuales para evaluar la personalidad y el desempeño intelectual.

Primeramente, voy a describir las características negativas de Pedro, de Juan y de Pablo, porque ellas sobresalen más que las positivas. La excepción será Judas, de cuya personalidad describiré primero sus características positivas que son las más sobresalen. Será de gran ayuda para entender la diferencia entre él y los demás discípulos.

Como ya dijimos, Jesús fue extremadamente osado al escoger a sus discípulos quienes habrían de provocarle constantes dolores de cabeza. No obstante, era evidente que los apreciaba así como eran. Sus fallas no lo incomodaban. El Maestro de la Vida era un experto artesano que quería tallar en el alma humana una joya excepcional, de un valor y de un brillo únicos.

PEDRO

Características negativas de la personalidad de Pedro

Pedro era indocto, no sabía leer, era intolerante, ansioso, irritable, agresivo, inquieto, impaciente, indisciplinado, impulsivo. Repetía los mismos errores vez tras vez y no soportaba que lo contrariaran (Mateo 18.21).

Su comprensión del mundo se limitaba a las necesidades de subsistencia. Entendía del mar porque era un pescador. Su visión política era limitada. Se daba cuenta del yugo romano sobre Israel pero desconocía los complejos vínculos políticos entre el Imperio y los jerarcas judíos. Ignoraba los privilegios que algunos líderes judíos disfrutaban. No desarrolló algunas de las funciones más importantes de la inteligencia. No era emprendedor, no sabía filtrar los estímulos estresantes, su emoción era fluctuante e imponía sus ideas en lugar de exponerlas. No era altruista y era incapaz de percibir el dolor y las necesidades de los demás. No tenía proyectos sociales. No pensaba en cambiar el mundo, en ayudar a aliviar el dolor del prójimo. La satisfacción de las necesidades básicas estaba en primer lugar. Perturbado, después de la muerte de Cristo volvió a pescar (Juan 21.3).

Emocionalmente, era un tracto mula que pasaba por encima de todo lo que se le opusiera. No sabía ponerse en el lugar del otro, por eso tenía dificultad en comprender y en perdonar. Sus características demuestran que era hiperactivo y detestaba la rutina. Si viviera en los tiempos actuales, seguramente sería un alumno al que todo profesor desearía ver lejos de su salón de clase.

Era autosuficiente y tan osado que contestaba por el Maestro sin que se le pidiera su opinión (Mateo 17.25). La principal característica de su personalidad era reaccionar antes de pensar (Juan 18.10). Cuando Jesús fue arrestado, le cortó la oreja a un soldado, poniendo en riesgo a Jesús y a los discípulos por su actitud irreflexiva (Juan 18.12).

Conocía bien el mar de Galilea, pero conocía muy poco el territorio de su propia emoción. No percibía sus limitaciones, sus fragilidades y sus miedos. Su temperamento impulsivo lo hacía aparecer como una persona fuerte, pero cuando se le sometía a alguna prueba, demostraba ser inseguro. Su aparente fortaleza se apoyaba en la fuerza y en la inteligencia de su Maestro. Ante la amenaza de muerte, Jesús calló y Pedro se desmoralizó. Aunque amaba extremadamente a su Maestro, el miedo lo dominó llegando a negarlo tres veces.

Características positivas de la personalidad de Pedro

Pedro era una persona sencilla, humilde, sincera. Tenía una capacidad inmensa para aprender. Era rudo, pero poseía la emoción de un niño: sencilla y crédula. Le creía fácilmente a Jesús. Bajo su orden, lanzó la red al mar, sin cuestionar, en un sitio donde había pasado toda la noche sin haber pescado nada. Obedeciendo a la invitación de Jesús, tuvo el valor de caminar sobre la superficie del mar. Derrotado por el miedo, comenzó a hundirse pero el Señor lo salvó.

Aunque ansioso e inquieto, no era superficial. Aparentemente era una persona detallista. Observaba las actitudes y reacciones de Jesús con ojo clínico. Amaba contemplarlo actuando. Admiraba sus actitudes.

El haberse casado a una edad temprana lo hacía aparecer como una persona responsable. Y aunque no soportaba las situaciones estresantes, trataba de ser decidido. Autenticidad y liderazgo eran sus características principales.

JUAN

Características negativas de la personalidad de Juan

Juan era ansioso, ambicioso, irritable y no soportaba que lo contradijeran. Como Pedro, su acervo cultural era limitado lo mismo que su visión social y política. Tampoco había logrado desarrollar las funciones más importantes de la inteligencia. No sabía controlar sus emociones ni preservar su memoria contra los estímulos estresantes. No sabía manejar las frustraciones ni usar sus errores como peldaños para crecer hacia la madurez.

Tampoco era una persona altruista. Antes de conocer a Jesús, y durante los primeros meses en que lo seguía, reveló ser un joven egoísta e intolerante. No sabía comprender los sentimientos ajenos. Pensaba que el mundo tenía que gravitar en torno de sus verdades.

Cierta vez, contrariando todo amor, perdón y mansedumbre acerca de los cuales Jesús elocuentemente enseñaba, Juan tuvo la osadía de sugerir a Jesús que enviara fuego del cielo para exterminar a aquellos que no lo seguían. Mientras Jesús hablaba de ponerle al enemigo la otra majilla, él prefería pensar en destruirlo.

Tenía una personalidad explosiva. A él y a su hermano Jacobo el propio Jesús los apodó «Boanerges», que quiere decir «hijos del trueno» (Marcos 3.17). Cuando se les confrontaba, reaccionaban agresivamente.

Pareciera que su madre lo educó para que pensara en grande, lo que es una característica positiva. Pero Juan pensaba demasiado grande. Quería cosechar lo que no había plantado. Quería el premio sin los trabajos necesarios para alcanzarlo. Anhelaba la mejor posición entre los discípulos.

Como creía que el reinado de Jesús era político, después de una reunión familiar, su madre hizo a Jesús cuando éste estaba en el pináculo de la fama, una petición rara y osada. Rogó que en su reino sus hijos se sentaran, uno a la derecha, y otro, a la izquierda. Los dos mejores puestos debían ser dados a sus dos hijos. Jesús, sin embargo, enseñaba que los grandes tienen que servir a los pequeños. Juan deseaba ser grande para ser servido por los pequeños.

Pedro y Juan nos representan. Muchas de sus características negativas están evidentes u ocultas en nuestra personalidad.

Características positivas de la personalidad de Juan

Juan era un joven intempestivo y afectuoso. En sus primeros tiempos con el Maestro de los Maestros su emoción parecía un péndulo. Oscilaba entre la explosión y la dulzura, entre la sensibilidad y la agresividad. A pesar de ser intolerante, su emoción era como una esponja que absorbía el amor de Jesús. Contemplar la amabilidad del Maestro lo fascinaba.

Erraba mucho pero, como Pedro, era una persona transparente. Todos sabían fácilmente lo que él estaba pensando. Ser transparente era una característica muy importante a los ojos de Jesús. Juan observaba los comportamientos de Jesús como si fuera un pintor académico. No se perdía detalle.

Su capacidad de aprender hizo de él un discípulo íntimo, brillante. Se volvió un amigo de Jesús. En los momentos más difíciles del Maestro estuvo a su lado.

JUDAS ISCARIOTE

Características positivas de la personalidad de Judas

Judas era moderado, equilibrado, discreto y sensato. De lo que podemos observar en los cuatro evangelios, nada hay que manche el comportamiento de Judas.

No hay información que revele si era tenso, ansioso o inquieto. Nada se dice que indique que haya ofendido a alguien ni que haya tenido una actitud agresiva o impensada.

Jesús tuvo que reprender a Pedro y a Juan varias veces. A Tomás le llamó la atención por su incredulidad. A Felipe le dijo: «Hace tanto tiempo que estoy con vosotros y ¿aún no me conoces?» Pero a Judas, salvo la noche en que fue aprehendido, no hay registro que le haya llamado la atención alguna vez.

En cierta ocasión Judas reprendió a María, hermana de Lázaro, por haber derramado un perfume muy caro en la cabeza de Jesús. Aquello le pareció un desperdicio. Dijo que aquel perfume podía haberse vendido y el dinero repartido entre los pobres. Parecía ser el que más pensaba en los otros, el más moralista y el más sensible de los discípulos. En un capítulo posterior, compararé la actitud de Judas con la de María.

Sabía manejar la contabilidad, por eso cuidaba de la bolsa de las donaciones. Era probablemente el más culto, el más perspicaz, el más elocuente y el más formal de los discípulos. No hacía escándalos ni tenía comportamientos que perturbaran el ambiente. Actuaba silenciosamente.

Características negativas de Judas

Daba la impresión de ser el que menos características negativas y conflictos tenía en su personalidad. Sin embargo, el problema era que nunca había tratado adecuadamente sus conflictos. Para él, pequeñas frustraciones se transformaban en monstruos e insignificantes piedrecillas en montañas.

No entendía sus sentimientos más profundos. Aunque fuera moralista y equilibrado, tenía dificultad de penetrar en su propio mundo y reconocer sus miserias. Sabía juzgar, pero no sabía comprender. Erraba poco exteriormente. Pero en lo secreto de su corazón se auto exaltaba.

Una de sus peores características era no ser una persona transparente. Antes de traicionar a Jesús se traicionó a sí mismo. Traicionó su sabiduría, traicionó su amor por la vida, su capacidad de aprender, su encanto por la existencia. El mayor traidor de la historia fue el mayor verdugo de sí mismo. Era auto punitivo. Tenía todo para brillar, pero se encerró en la cárcel de sus conflictos. Era el mejor preparado de los discípulos. ¿Por qué traicionó a Jesús? ¿Por qué no superó el sentimiento de culpa producido por la traición? ¿Por qué siguió un camino tan distinto al de Pedro, que también traicionó a Jesús, al negarlo? Trataremos más adelante de ese tema.

PABLO DE TARSO

Ahora comentaré la personalidad de Pablo de Tarso. Pablo no perteneció al grupo de los discípulos durante la vida de Jesús en la tierra. No caminó con Jesús, no escuchó sus palabras, no contempló sus hechos, no aprendió lecciones directamente de él, pero fue uno de sus mayores seguidores.

Características negativas de la personalidad de Pablo

Pablo era un joven radical, extremadamente agresivo, discriminador, exclusivista, ambicioso y ansioso. Fue el más culto de los discípulos; pero, antes de volverse cristiano, fue también el más arrogante y violento de los hombres (Hechos 8.3). Sus verdades eran absolutas. Para él, el mundo era del tamaño de sus preconceptos. Excluía de forma impresionante a quiénes no pensaran como él.

No le bastaba tener el discurso más violento contra los seguidores de Jesús de Nazaret. Los consideraba una plaga que debía ser extirpada de la sociedad (Hechos 9.1). Para él, Jesús no era más que un hereje, un engañador, un cuerpo extraño en Israel. Ningún cristiano lo había herido directamente, pero él se sentía el más perjudicado de los hombres.

Tenía aversión por las personas sin conocerlas, por el simple hecho que pensaran contrariamente a las ideas de su religión.

Rechazaba a los otros sin penetrar en su historia, sin analizar sus dolores, sus sueños, sus intenciones. Tenía el peor tipo de odio, el odio gratuito. Arrestaba a las personas porque era un prisionero dentro de sí mismo.

Llevó a los seguidores de Jesús a la muerte; la desesperación de ellos no tocó sus emociones. Clamaban por misericordia, pero él permanecía insensible. Las mujeres lloraban pidiendo piedad, pues tenían hijos para criar, pero él las encerraba en las cárceles. Puso sus verdades por encima de la vida humana. Personas así son socialmente peligrosas.

La escena de Esteban fue terrible. Pablo oyó lo que ese hombre amable e inteligente dijo. Furiosos sin embargo, los judíos lo apedrearon públicamente. Pablo estuvo allí y consintió en su muerte. Las primeras piedras mutilaron el cuerpo de Esteban, rompiendo músculos y arterias, produciendo hemorragias y un dolor indescriptible. Esteban agonizaba lentamente delante de un Pablo insensible, con la emoción petrificada.

Pablo sería la última persona en ser llamada discípulo de Jesús. Era la última persona que lo merecía (1 Corintios 15.9). A pesar de sus características positivas, era una persona destructiva. Intelectualmente era el más hábil y socialmente el más violento, capaz de llevar a sus oponentes a la destrucción total. Por eso, el cambio que experimenta es simplemente increíble. Al final de este libro estudiaremos algunos fenómenos del proceso de formación de su personalidad.

En la Epístola a los Efesios dijo que se consideraba el más pequeño de todos los cristianos. Sus palabras no eran solo el reflejo de su humildad sino que reflejaban el peso de sus recuerdos. Nunca olvidó lo que había hecho. Pudo haber superado sus conflictos, pero estos produjeron cicatrices permanentes que están contenidas claramente en las entrelíneas de todas sus cartas. Las lágrimas y las heridas que provocó jamás se apagaron de su memoria.

Características positivas de la personalidad de Pablo

Pablo era una persona con un conocimiento que provocaba envidia. Hablaba hebreo, griego y arameo. Son increíbles su valor, su perspicacia y su capacidad de argumentación expresadas en sus escritos. Si viviera en los tiempos actuales sin duda que podría asumir el liderazgo de cualquier equipo de políticos e intelectuales.

Joven emprendedor, Pablo aprovechaba cada oportunidad para alcanzar sus metas. Era un excelente orador. Aun siendo exclusivista y preconceptuoso, llevaba dentro de él una inquietud: buscaba respuestas. Era agitado, tenso, ansioso.

A pesar de cometer hechos inhumanos, era fiel a su conciencia. No temía expresar sus pensamientos en público. Podía poner en peligro su vida pero no se callaba cuando tenía que hablar. Nada en el mundo lo convencía a cambiar sus convicciones, salvo su propia conciencia. Por eso se volvió un discípulo totalmente diferente de los demás. Aquello en que creía controlaba su ser. Fue inmisericorde en las persecuciones, pero, cuando aprendió a amar al Maestro de la Vida, nadie se entregó tanto a la causa como lo hizo él (1 Corintios 13.1 al 13).

Anhelando provocar la mayor revolución: reeditar la película del inconsciente

La personalidad de los discípulos muestra el desafío que Jesús iba a tener. El único que encajaba en un patrón aceptable de comportamiento era Judas, el que lo vendió y traicionó. No había modelos. Aparentemente Jesús se había equivocado rotundamente en su elección. Era necesario revolucionar la personalidad de aquellos hombres para que ellos revolucionaran el mundo.

Aquella sería la mayor revolución de todos los tiempos. Pero esa revolución no se haría mediante el uso de armas, fuerza, chantaje, presión, sino con perdón, aceptación, mansedumbre, tolerancia. Sus discípulos no conocían ese lenguaje. El proyecto de Jesús parecía locura. Era casi imposible actuar entre los bastidores de la mente de los discípulos, transformar las bases conscientes e inconscientes de sus memorias y producir nuevas características de personalidad en ellos.

Cuando alguien nos ofende o contraría, se dispara el detonante de la memoria que en milésimas de segundos abre algunas ventanas del inconsciente: las ventanas de la agresividad, del odio, del miedo. En la masa del cerebro hay una región del tamaño de la cabeza de un alfiler que contiene miles de ventanas con millones de informaciones.

La mayoría de nosotros no sabemos localizar las ventanas positivas o las ventanas negativas de la memoria; y aunque supiéramos, no podríamos borrarlas o extinguirlas. En las computadoras, borrar información es la tarea más fácil. En el ser humano es imposible. No pueden borrarse las miserias, los conflictos y los traumas archivados. La única posibilidad es reeditarlos o reescribirlos. Sin reeditarlos, es imposible transformar la personalidad de alguien. Podemos pasar años haciendo tratamientos psicoterápicos sin que haya cambios sustanciales. ¿Cómo pretendía Jesús reeditar la memoria de los discípulos en tan poco tiempo? Tenía poco más de tres años para lograrlo.

Si hubiese sido posible someter a los discípulos a un tratamiento intensivo con los más famosos psicólogos y psiquiatras, los resultados habrían sido mínimos. ¿Por qué? Porque los discípulos no tenían conciencia de sus problemas. Las posibilidades para la superación de una enfermedad solo se dan cuando el paciente reconoce su mal y su «Yo» es capaz de dejar de sentirse víctima para ser el autor de su propia historia.

Cuando entreno a un psicólogo, le hago ver que debe aprender a estimular el «Yo» para que reescriba las bases de la personalidad. El «Yo», que representa la voluntad consciente, debe dejar de ser el espectador pasivo de las miserias y aprender a conocer el funcionamiento de la mente, los papeles de la memoria, la construcción básica de las secuencias de pensamiento, para, entonces, volverse líder de sí mismo.

Todas las técnicas psicoterapéuticas, aunque inconscientemente, objetivizan la reedición de la película del inconsciente y el rescate del liderazgo del «Yo». Cuanto mayor es la consciencia, mayor la eficiencia.

¿Por qué es tan difícil cambiar la personalidad? Porque está formada por miles de archivos complejos que contienen innumerable información y experiencias en el consciente y en el inconsciente de la memoria. No tenemos herramientas que puedan cambiar de forma mágica esos archivos que se interrelacionan de forma multifocal.

Algunos teóricos de la psicología creen que la personalidad se cristaliza a los siete años. Pero esa es una visión simplista de la psique. Aunque sea una tarea difícil, siempre es posible transformar la personalidad en cualquiera época de la vida, principalmente, como dije, si el «Yo» deja de ser un espectador pasivo, sube al escenario de la mente y se vuelve el director de la agenda de los pensamientos y de las emociones.

Ese concepto representa, en mi opinión, lo máximo de la psicología más avanzada. Se refiere a la gerencia de los pensamientos y de las emociones. Esa gerencia tiene grandes aplicaciones en todas las áreas: psicología clínica, ciencias de la educación, ciencias políticas, sociología, derecho, filosofía.

Los antidepresivos y los tranquilizantes son útiles pero no reeditan la película del inconsciente y no llevan al ser humano a controlar sus angustias, ansiedades o ideas negativas. Si no trabaja las bases de la memoria y no aprende a liderarse a sí misma, la persona será una eterna dependiente de los psiquiatras y de los medicamentos, aunque los psiquiatras no deseen tal dependencia.

Los discípulos eran víctimas de las características enfermizas de sus personalidades. Estaban llenos de conflictos en los terrenos consciente e inconsciente de la memoria. No tenían la más mínima capacidad de gobernar sus psiques en los momentos de estrés. ¿Cómo ayudarlos? ¿Cómo reescribir sus memorias?

En esto no hay que esperar milagros. El proceso es complejo porque para reescribir los archivos de la memoria es necesario sobreponer nuevas experiencias a las antiguas. Las de tolerancia deben sobreponerse a las de discriminación; las de seguridad a las de miedo; las de paciencia deben registrarse en los miles de archivos que contienen mucha agresividad, y así por el estilo. Las nuevas experiencias deben sobreponerse en la medida que los archivos contaminados se abren en los focos de tensión.

Cuando surgen el miedo, las crisis de pánico, las reacciones agresivas, los pensamientos negativos, el «Yo» debe aprovechar la oportunidad para asumir el control de la trama del teatro de la mente y reescribirlo. ¿Cómo hacer eso? Criticando, confrontando, analizando inteligentemente cada experiencia. De esa forma, ricas vivencias se sobrepondrán a los archivos contaminados dando lugar a una limpieza en las «chabolas» de la memoria.

Vea el gran problema al que se vio enfrentado Jesús. Los discípulos no sabían actuar en su propio mundo interior. No tenían conciencia de sus propias limitaciones. Eran tímidos espectadores de sus conflictos. No sabían cómo entrar dentro de ellos mismos ni cómo recapacitar sus vidas. ¿Cómo ayudarlos?

Mientras acompañaban a Jesús, los discípulos parecían estar reeditando los archivos que contenían reacciones agresivas e intolerantes. Por algún tiempo se mostraron amables y gentiles con todos los que los rodeaban. Parecían haberse vuelto los hombres más pacientes y tolerantes de la tierra. Pero muchos archivos de la periferia de la memoria, que están en los rincones del inconsciente, aún no habían sido reeditados.

Por eso, de repente, cuando alguien los rechazó o criticó, se disparó el gatillo de la memoria, se abrieron algunas ventanas y esos archivos ocultos quedaron a la vista. Entonces, de nuevo reaccionan impulsivamente, hiriendo a otras personas sin pensar en las consecuencias de sus hechos. ¿Qué había pasado? Habían tenido una recaída. ¿Qué hacer? ¿Desistir? ¡Jamás! En esos casos solo hay un camino: seguir reeditando nuevos archivos. Las recaídas no deben producir desánimo, más bien deben producir una motivación extra para seguir reescribiendo los archivos aún no trabajados.

Como Jesús no solo quería mejorar al ser humano, sino transformarlo de adentro hacia fuera, tendría que trabajar con todas las recaídas de sus discípulos. Necesitaría tener una paciencia fuera de lo común, animado por una esperanza fenomenal. ¡Y todo eso lo tuvo! Nunca alguien reveló tener tanta paciencia. Los discípulos no entendían casi nada de lo que él decía. Hacían lo contrario de lo que oían, pero él creía ser capaz de transformarles sus vidas.

Los discípulos frustraron a Jesús por más de tres años. En las últimas horas, antes de morir, lo decepcionaron aún más. El Maestro tenía todos los motivos del mundo para olvidarlos pero jamás desistió de ninguno de ellos, ni siquiera del traidor. ¿Qué amor es ése que no desiste?

Jesús sabía que su proyecto comprendería toda una vida. Con sus hechos y sus palabras demostró que tenía el más alto nivel de conocimiento de psicología. Anhelaba algo más profundo que los psicólogos de la actualidad. Deseaba que los discípulos reescribieran diariamente los principales capítulos de su historia basados en nuevas, bellas y elevadas experiencias existenciales. Creó deliberadamente ambientes pedagógicos en las playas, en los montes, en las sinagogas, para producir experiencias y sobreponerlas a los archivos enfermizos que formaban la tela de sus personalidades. Fue un verdadero entrenamiento. El mayor que se haya realizado conscientemente.

Vamos a examinar ahora cómo Jesús programó el cambio de la personalidad de sus jóvenes discípulos. Las parábolas, los leprosos, las persecuciones y los riesgos de muerte a que se vieron expuestos, todo lo cual eran parte de su entrenamiento.

4 El vendedor de sueños

Somos la única generación de toda la historia que consiguió destruir de los jóvenes la capacidad de soñar y de cuestionar. En las generaciones pasadas, estos criticaban el mundo de los adultos, protestaban contra los conceptos sociales, soñaban con grandes conquistas. ¿Dónde están ahora esos sueños? ¿Dónde están esos cuestionamientos?

Siguen siendo agresivos, pero su rebeldía no es contra las «drogas» sociales que construimos, sino porque quieren consumirlas en dosis cada vez más grandes. No se rebelan contra el consumismo, la paranoia de la estética y la locura del placer inmediato producidos por los medios de comunicación sino que aman ese veneno. El futuro les es poco importante; lo que les importa es vivir el hoy en forma intensa. No tienen un gran objetivo por el cual luchar. Son meros consumidores, números de cédulas de identidad y de tarjetas de crédito.

La generación de jóvenes que creció cercada por el consumismo y por la paranoia de la estética dejó de soñar. Perdieron rápidamente el encanto por la vida. Las naciones modernas están pagando un alto precio por haber matado los sueños de sus hijos. Observan perplejas a sus jóvenes suicidándose, drogándose y desarrollando trastornos psíquicos.

Los programas infantiles en la televisión que estimulan el consumismo y no promueven el desarrollo de las funciones más importantes de la inteligencia como la capacidad de pensar antes de reaccionar o de trabajar las frustraciones, han cometido un crimen emocional contra los niños. Todas las imágenes de esos programas son registradas en el consciente e inconsciente de la memoria infantil, contaminando el amor por la vida y la formación del «Yo» como líder de la psique.

Los regalos y los objetos que nuestros niños consumen con avidez producen un placer rápido y superficial. La emoción se vuelve inestable y ansiosa. Pasados algunos días, pierden el placer por lo que poseen y buscan otros objetos para satisfacerse, generando un mecanismo cuyos principios se asemejan a la dependencia psicológica de las drogas. La felicidad se vuelve un espejismo.

Mi objetivo al escribir el libro *Diez leyes para ser feliz* es mostrar que la felicidad no es obra del acaso, sino que es una conquista. En él muestro, entre las diez herramientas de la psicología para conquistar una buena calidad de vida en esta bellísima y turbulenta existencia, como gobernar los pensamientos, cómo administrar las emociones, cómo contemplar lo bello, cómo trabajar las pérdidas y las frustraciones. Si los jóvenes no aprenden a usar esas herramientas, no soñarán y no conocerán días felices.

Los padres y los profesores deberían ser vendedores de sueños. Deberían plantar las más bellas semillas en el interior de sus hijos y alumnos para tornarlos intelectualmente libres y emocionalmente brillantes. Como veremos, Jesús tiene mucho que enseñarnos en cuanto a eso.

Un vendedor de sueños

La vida sin sueños es como un cielo sin estrellas, como una mañana sin luz, seca y árida.

Jesús es el mayor vendedor de sueños de que se tenga noticias. Parece raro usar la expresión «vendedor de sueños», pues los sueños no se venden. Pero esta es una forma poética que busca retratar la inigualable capacidad del Maestro de la Vida para inspirar la emoción de las personas y revolucionar su forma de ver la vida.

En un mundo donde todo se vende, donde todo tiene su precio, Jesús llamó a algunos jóvenes inexpertos y, lentamente, les vendió en forma gratuita aquello que no se puede comprar: los más fascinantes sueños que un ser humano pueda tener.

El Maestro de los Maestros andaba por las ciudades, las aldeas y por la orilla del mar, exponiendo sus ideas. Su discurso electrizaba a los oyentes. ¿Cuáles fueron los principales sueños que abrieron las ventanas de la inteligencia de sus discípulos e irrigaron sus vidas con una meta superior?

A. El sueño de un reino justo: el Reino de los cielos

A Jesús lo anunció Juan el Bautista, un hombre único que proclamaba en voz alta: «Arrepentíos, porque se acerca el reino de los cielos» (Mateo 3.2). Las personas que lo oían quedaban perplejas. Posiblemente se hayan preguntado: «¿Quién es ese hombre? ¿Qué está diciendo? Conocemos los reinos de la tierra, conocemos el Imperio Romano, pero nunca oímos hablar de un reino de los cielos. ¿Qué significa arrepentirse para recibir un nuevo reino?»

«Arrepentirse» parece una cosa sencilla, pero, en realidad, es una de las más importantes empresas de la inteligencia humana. Las computadoras jamás ejecutarán esa tarea pese a que pueden almacenar billones de datos. En el futuro, las computadoras podrán tener millones de veces más que ahora la capacidad de almacenar y procesar información pero jamás podrán arrepentirse de sus errores. Podrán señalar errores, pero no tendrán conciencia de ellos, no se arrepentirán ni tendrán sentimientos de culpa.

Cuando usted falla y es consciente de esa falla, cuando se arrepiente y pide disculpas, usted está, con esa simple actitud, siendo más complejo que las súper computadoras. Por eso, los fuertes reconocen sus errores, los débiles no los admiten; los fuertes admiten sus limitaciones, los débiles las disfrazan. Bajo la perspectiva de esos parámetros, constatamos que hay muchos intelectuales que son débiles, y muchos seres humanos sin cultura académica que son fuertes.

La palabra «arrepentirse» usada por Jesús exploraba una importante función de la inteligencia. No implicaba culpa, auto castigo o lamento, sino hacer una revisión de vida, corregir las rutas del pensamiento y de los conceptos. Los que no tienen valor para reevaluar sus vidas siempre serán víctimas, y no autores de su propia historia.

Volviendo al discurso de Juan el Bautista, el Maestro de los Maestros hablaba de un reino que estaba más allá de los límites de tiempo-espacio; fuera de la esfera de las relaciones sociales y políticas de los gobiernos humanos. Era un reino de otra dimensión, con otra organización y estructura. Él seducía a sus oyentes con un reino donde la justicia sería parte de la rutina social, la paz habitaría el territorio de las emociones, las angustias y aflicciones humanas dejarían de existir. ¿No es ése un gran sueño?

Los judíos conocieron el reino de Herodes el Grande, que gobernó a Israel por décadas. Su reino fue inhumano y explotador. Después de su muerte, Israel se dividió en Galilea y Judea. En los tiempos de Jesús, el emperador romano era el que nombraba a los gobernadores. Pilatos gobernaba en Judea, donde estaba Jerusalén, y Herodes Antipas, Galilea.

Para agradar a Roma y mostrar fidelidad al emperador, Pilatos y Herodes Antipas gobernaban con mano de hierro esas dos regiones.

Los impuestos eran pesados. El pueblo sufría hambre. Cualquier movimiento social era considerado rebelión contra el régimen, y masacrado. Niños y adultos vivían atemorizados. Era un reino injusto y violento ese en el que los judíos vivían. Un gobierno donde la mayoría sostenía las regalías de una minoría.

En ese clima apareció el hombre Jesús. Sin ejército ni pompa, desafiando el poderoso Imperio Romano al proclamar otro reino donde cada ser humano no sería más un número en la multitud, donde cada miserable tendría status de príncipe. En ese reino, nadie jamás sería excluido, discriminado, ofendido, rechazado, incomprendido.

Jesús no tenía ni la apariencia, ni las ropas, ni el ejército de un rey, pero era un vendedor de sueños. Detrás de él iba una pequeña comitiva formada por un grupo de jóvenes impresionados por sus palabras. Aquellos jóvenes eran frágiles y descalificados, pero comenzaban a empuñar la bandera del cambio del sistema social. Si bien conocían poco a aquél a quien seguían, estaban animados con su decisión de enfrentar al mundo.

Era aquella una época de terror. El momento político recomendaba silencio y discreción. Pero nada callaría la voz del más fascinante vendedor de sueños de todos los tiempos. Él moriría por sus sueños. Jamás desistiría de ellos. Fue un Maestro Inolvidable.

B. El sueño de la libertad: cárcel física y emocional

Nada toca tan hondo el alma humana como la necesidad de libertad. Sin libertad, el ser humano se destruye, se deprime, se vuelve infeliz y errante. Jesús vendía el sueño de la libertad en sus aspectos más amplios. Sus palabras son muy actuales. Vivimos en sociedades democráticas. Hablamos tanto de libertad, pero, frecuentemente, no somos libres dentro de nosotros mismos.

Las cárceles siempre han sido un castigo más para la emoción que para el cuerpo. No corrigen el comportamiento, no educan, no reeditan los archivos enfermizos de la memoria que llevaron al individuo a delinquir. El sistema penitenciario no transforma la personalidad de un criminal, solamente le impone dolor emocional. Los presidiarios sueñan con ser libres: libres para andar, salir, ver el sol, contemplar las flores. Algunos cavan túneles durante años para escapar. El anhelo por libertad los consume diariamente.

La dictadura política es otra forma de control de la libertad. Un dictador controla a un pueblo utilizando las armas y el sistema policial como herramientas que oprimen y dominan. Las personas no son libres para expresar sus ideas. Además de la dictadura del Estado, existe la dictadura emocional e intelectual. Hay muchos dictadores metidos en las familias y en las empresas.

El mundo tiene que girar en torno a esos dictadores. Sus verdades son absolutas. No permiten que las personas expresen sus ideas ni admiten ser contrariados. Imponen miedo a los hijos y a las esposas. Amenazan a sus funcionarios. Les gusta proclamar: «¡Yo hago! ¡Ustedes dependen de mí! ¡Yo pago las cuentas! ¡Yo mando aquí! Quién no estuviere contento, ¡que se vaya!»

Tales dictadores parecieran estar libres, pero, en realidad, están presos. Controlan a los demás porque son esclavos dentro de ellos mismos, controlados por su orgullo, su arrogancia, su agresividad. Ocultan su fragilidad detrás del dinero o del poder. En lo íntimo, toda persona autoritaria es débil. Los débiles usan la fuerza, los fuertes usan el diálogo. Los débiles dominan a los demás, los fuertes promueven la libertad. Existen distintas formas de restringir la libertad. La violencia emocional es una de ellas. Una minoría de ídolos fabricados por los medios de comunicación se entromete en la emoción de una gran mayoría. La generalización de los medios de comunicación hace que muchos graviten en torno de algunos actores, deportistas, cantantes, como si fueran súper humanos.

La fama es la más grande estupidez intelectual de las sociedades modernas. Aunque sea extremadamente valorada, la fama produce infelicidad. Solo sus primeros niveles producen placer. El éxito es legítimo. Debemos luchar por alcanzar el éxito en la carrera, en las relaciones sociales, en la realización de nuestras metas. Pero el éxito buscado objetivando la fama se puede volver una gran trampa emocional, pues, frecuentemente, produce angustia, soledad, pérdida de la sencillez y de la privacidad.

En realidad, no existen semidioses. No hay personas especiales que no sean comunes, ni comunes que no sean especiales. Todos tenemos problemas, incertidumbres, ansiedades y dificultades. La exaltación de la fama producida por los medios de comunicación ha destruido los sueños más bellos. Los jóvenes dejan de admirar las actividades de sus padres, no encuentran deleite en los placeres sencillos, no aprecian el esfuerzo diario que hará de ellos héroes anónimos, realizados en sus actividades. Desean ser famosos de la noche a la mañana conquistando las primeras páginas de los periódicos. Quieren el premio sin el entrenamiento, el éxito sin las bases. Son candidatos a la frustración en esta existencia que es tan breve.

Jesús hablaba de una libertad poética. No presionaba a nadie para que lo siguiera. Nunca sacaba provecho de las situaciones para controlar a las personas. Muchos políticos mediocres contratan a profesionales de *marketing* para promoverlos y para exaltar sus bondades.

Al contrario, el Maestro de los Maestros prefería ocultarse. Era tan gentil que no exploraba la emoción de las personas a las que ayudaba y sanaba. Su ética no tiene precedentes en la historia. Las estimulaba a que siguieran su camino. Si preferían seguirlo, debía ser por amor.

El resultado de su comportamiento fue que en la tierra del miedo las personas aprendieron a amar. Amaron a aquél que vendía el sueño del amor gratuito e incondicional. Compraron el sueño de un reino distante acerca del cual él había hablado, pero ya habían conquistado el mayor de todos los sueños, el del amor.

El Imperio Romano los dominaba. La vida era difícil y árida, pero ellos eran libres dentro de ellos mismos. El amor los libertaba. Nada es más libre que el amor. Hace de pobres súbditos grandes reyes. Su ausencia vuelve a grandes reyes en miserables súbditos. Quien no ama, vive en la cárcel de la emoción.

C. El sueño de la eternidad

¿Dónde están Confucio, Platón, Alejandro el Grande, Cristóbal Colón, Napoleón Bonaparte, Hitler, Stalin? ¡Todos parecían ser tan fuertes! Cada uno a su modo: unos en la fuerza física, otros en la locura y otros en la sabiduría y en la amabilidad. Pero, al final, todos sucumbieron al caos de la muerte.

Vivir es un evento inexplicable. Igualmente lo es cuando sufrimos y perdemos la esperanza. Somos complejos e indescifrables. No solo la alegría y la sabiduría sino también el dolor y la locura revelan la complejidad del alma humana. ¿Cómo se forman las ideas y las emociones en los bastidores del alma humana? ¿Cuáles son los fenómenos que las producen y las diluyen?

Cuanto más investigo esos fenómenos y avanzo un poco en su comprensión, más me siento un ignorante. Por haber desarrollado la teoría de la Inteligencia Multifocal que estudia el funcionamiento de la mente y la construcción de los pensamientos, recibí el título de miembro de honor de la Academia de Genios de un respetado instituto de un país europeo. Quedé muy feliz aunque sé que no lo merezco.

¿Por qué? Porque estoy consciente de cuán pequeño soy ante la grandeza de los misterios que abarcan el infinito mundo del alma o psique humana. Sabemos muy poco acerca de quiénes somos. Un verdadero científico tiene conciencia no de cuanto sabe sino de cuanto no sabe. El día que yo deje de admitir mi ignorancia, estaré muerto como pensador.

Existir, pensar, emocionarse, es algo fascinante. ¿Quién puede escudriñar los fenómenos que nos transforman en un ser que piensa y tiene conciencia de lo que piensa? ¿Quién puede desvelar los secretos que producen el movimiento de la energía que genera las crisis de ansiedad y la primavera de los placeres?

La producción de la más pequeña idea, aun en lo íntimo de la mente de un psicótico, es más compleja que los misterios que rodean los agujeros negros del universo que se tragan planetas enteros. Un profesor de Harvard posee los mismos fenómenos que leen la memoria y construyen cadenas de pensamientos que un niño castigado por el hambre.

Ambos poseen un mundo a ser explorado y merecen ser tratados con el mismo respeto. Desafortunadamente, el sistema social entorpece nuestra mente y dificulta nuestra percepción para el espectáculo de la vida que pulsa en cada uno de nosotros. No somos americanos, árabes, judíos, chinos, brasileros, franceses o rusos. En lo íntimo de nuestra inteligencia jamás estuvimos divididos. Somos la especie humana.

Sin embargo, perdimos el sentido de especie. Nos dividimos en cuanto a cultura, religión, nación, color de la piel. Dividimos lo que es indivisible. Segmentamos la vida. Si conociéramos el mínimo de las entrañas de los fenómenos que forman el mundo de las ideas y la transformación de la energía emocional, adquiriríamos conciencia de que somos más iguales de lo que imaginamos. La diferencia entre los intelectuales y los niños con necesidades especiales, entre los psiquiatras y los pacientes psicóticos, entre los reyes y los súbditos es solo la punta del iceberg de la inteligencia. La inmensa base es exactamente la misma.

A pesar de criticar en todos mis libros los problemas emocionales, las miserias sociales y la crisis en la formación de pensadores en el mundo moderno, cuando estudio los repliegues de la mente humana quedo boquiabierto. Siento que la existencia de un ser humano es un fenómeno fascinante.

A veces, cuando viajo con mis hijas de noche y veo a lo lejos una casa con la luz encendida, les pregunto: «¿Quiénes serán las personas que viven en aquella casa? ¿Qué sueños tendrán?, ¿Cuáles serán sus alegrías más importantes? ¿Cuáles sus sufrimientos?» Mi deseo, al hacer esas preguntas, es humanizar a mis hijas, educar su emoción, llevarlas a percibir que hay un mundo complejo y rico dentro de cada ser humano, sin importar quien sea. También las estoy entrenando para que no juzguen precipitadamente a las personas, sino para mirar más allá de la cortina de sus comportamientos.

Siento que si los padres y profesores consiguieran educar la emoción de los niños de esa forma, más del 90% de la violencia de la sociedad disminuiría en el plazo de dos o tres décadas. La vida se respetaría.

El Maestro de los Maestros amaba y respetaba la vida incondicionalmente. Nunca pedía cuentas de los errores de una persona. No quería saber con cuántos hombres la meretriz había estado. Sus actitudes eran tan diferentes que él se expuso a la muerte por ellas. Lograba crear vínculos con las personas discriminadas, apreciarlas y perdonarlas, porque penetraba dentro de ellas y las comprendía. Si usted no es capaz de comprender a las personas, será imposible que las llegue a amar.

Los leprosos vivían el dolor del rechazo y de la soledad. Jesús tenía un cuidado especial hacia ellos y les ofrecía lo mejor que tenía: su amistad. Para él, cada ser humano es un ser único, irreemplazable, y no un objeto desechable. Con solo eso se explica que Jesús haya dado tan grande valor a las personas marginadas de la sociedad. No estaba de acuerdo con sus errores, pero las amaba, independientemente de sus fallas.

El sueño de la trascendencia de la muerte

Jesús amaba tanto la vida que predicaba acerca de un sueño que hasta hoy avala las bases de la medicina: el de la trascendencia de la muerte, el sueño de la eternidad. Como ya comenté en otros libros, la muerte es el certificado de limitación de la medicina, cuyo deseo es prolongar la vida y aliviar el dolor. Es la misma aspiración de las religiones, que hablan de aliviar el dolor, prolongar la vida, superar la muerte. Sin duda es un gran sueño. Pero un día pasaremos completamente solos, despojados del dinero y del poder, por el fenómeno que más se opone a la vida: el caos de la muerte.

Las personas que afirman no temer a la muerte, o poseen una fe profunda o hablan de lo que no saben. Cuando realmente se enfrenten al fin de la vida, experimentarán una explosión de ansiedad de tal magnitud que los hará comportarse como niños amedrentados ante lo desconocido.

La muerte ocupa, diariamente, los espacios más destacados en los medios de comunicación. En el cine, en los periódicos y en las revistas, la muerte se destaca como noticia, trátese de accidentes, guerras o enfermedades. También se le da preponderancia en la pintura, en la literatura y en la música.

Pero, a pesar de que la muerte está en la agenda principal de nuestras ideas, frecuentemente nos negamos a pensar profundamente sobre ella como un fenómeno ineludible. ¿Cuál es el efecto de la muerte sobre la capacidad de pensar? ¿Qué le sucede a la memoria enciclopédica cuando el cerebro deja de funcionar? ¿Es posible rescatar nuestra historia personal?

Desde el punto de vista científico, nada es tan drástico para la memoria y para el mundo de las ideas como la muerte. La memoria se desorganiza, billones de información se pierden, los pensamientos dejan de producirse, la conciencia se hunde en el vacío de la inconciencia.

El caos que se produce en el cerebro destruye el derecho más fundamental del ser humano: el derecho a tener una identidad, a tener conciencia de sí mismo, de poseer una historia.

Conociendo las consecuencias de la muerte, Jesús vendió el sueño de la eternidad. Para sus seguidores, que vieron a muchos padres llorando ante el lecho de sus niños, hijos clamando para que sus padres revivieran y personas inconsolables por la pérdida de algún amigo, la muerte ha sido una fuente de dolor. Al oír de muchas maneras y en muchos lugares al Maestro de la Vida afirmar que él estaba en la tierra para que la humanidad conquistara la inmortalidad, sus discípulos sintieron gran júbilo. Un júbilo que ha seguido resonando a lo largo de los siglos.

El alma anhela vivir eternamente

¿Quién no anhela vivir para siempre? Todos. Hasta los que piensan en el suicidio tienen hambre y sed por vivir. Con el intento de quitarse la vida solo quieren terminar con el dolor que sofoca la emoción, y no la vida que late dentro de ellos. Contratamos pólizas de seguro de vida, ponemos cerraduras en las puertas, tomamos medicamentos, desarrollamos una medicina compleja y todo tipo de ciencia porque tenemos sed de vivir.

En la pequeña y bellísima ciudad de Valldemossa, en la isla Mallorca, hay un convento de monjes cartujos. Los cartujos viven en clausura, sin contacto con la sociedad, en completo silencio. Pueden hablar solamente una hora por semana para tratar temas relacionados con la administración del convento.

¿Qué mueve a esos hombres? ¿Por qué dejaron todo y optaron por vivir de esa forma? Una frase resume su filosofía de vida y el motivo por el cual siguen a Jesucristo: «Nosotros nos callamos porque el anhelo de nuestra alma por la inmortalidad no puede ser expresado por palabras...». Esta frase resume no solo la filosofía de los cartujos, sino un anhelo inconsciente e incontrolable. Nuestra alma clama por vivir eternamente.

En la antigüedad, muchos psiquiatras, incluso yo, creían que tener una religión era señal de debilidad intelectual. Hoy sabemos que más bien puede ser señal de grandeza intelectual, emocional y espiritual. Nuestra ciencia aún está en la edad de la piedra para dar respuestas a las cuestiones más importantes de la vida. Seguimos sin saber quiénes somos y para dónde vamos. Para nuestra sorpresa, sin embargo, Jesús contestaba a esas preguntas con una seguridad impresionante.

De acuerdo con las biografías de Jesús, ese sueño se volvió realidad después de su crucifixión. Los cuatro evangelios relatan que Jesús venció lo que es imposible para la ciencia: el caos de la muerte. Él consiguió rescatar su vida y su identidad, consiguió preservar su memoria, superar aquello que para la medicina es una utopía. La creencia en ese acto entra en la esfera de la fe y, por lo tanto, sale de los objetivos de esta colección.

Mientras recorrían los caminos de Judea y Galilea, para los seguidores de Jesús la eternidad era solo un sueño. Pero era un sueño bellísimo, un bálsamo para la vida tan fugaz y mortal. Con ese sueño, él cautivó a los jóvenes discípulos, dando otro significado a sus vidas y produciendo en ellos la más bella esperanza. Los dolores y las pérdidas pasaron a ser percibidos de otra forma. Los accidentes y las catástrofes comenzaron a ser soportados y superados. Las lágrimas de los que se quedaron se volvieron gotas de rocío anunciando el más bello amanecer. Los discípulos pasaron a creer que, un día, el sol volvería a brillar después de la más larga tempestad.

Mientras el Maestro de los Maestros vendía el sueño de la eternidad, el número de sus discípulos aumentaba. Nunca habían oído a alguien decir tales palabras. Eran jóvenes e ingenuos y conocían poco a aquel que estaban siguiendo y lo que los esperaba, pero los contagió el más elocuente vendedor de sueños. ¿Cree usted que si hubiese estado en aquellos momentos en las playas de Galilea o en las ciudades por donde Jesús pasaba, se habría contagiado igualmente?

D. El sueño de la felicidad inagotable

¿Existe algún tipo de equilibrio en el campo de la energía psíquica, como creen algunos psiquiatras y psicólogos? No. Es imposible exigir plena estabilidad de la energía psíquica, pues ella se organiza, se desorganiza (caos) y se reorganiza continuamente. No existen personas que estén siempre calmadas, alegres, serenas, ni personas que estén siempre ansiosas, irritadas e incoherentes.

Emocionalmente, nadie es estático, excepto si estuviere muerto. Para no ser inestables debemos comportarnos dentro de cierto patrón, pero ese patrón siempre reflejará una emoción fluctuante. La persona más tranquila tiene sus momentos de ansiedad, y la más alegre, sus periodos de angustia.

No desee ser estable como los robots. No se angustie si usted es una persona oscilante, pues no es posible ni deseable ser rígidamente estable. Lo que usted debe evitar son las grandes y bruscas oscilaciones, como las producidas por la impulsividad, cambio súbito de humor, miedo. Quien es explosivo se vuelve insoportable, quien es excesivamente previsible se vuelve aburridor.

El campo de la energía psíquica vive en un estado continuo de desequilibrio y transformación. El momento más feliz de sus vidas desapareció, y el más triste se disipó. ¿Por qué? Porque la energía psíquica del placer y del dolor pasan inevitablemente por el caos y se reorganizan en nuevas emociones. Somos una cisterna de ideas y una usina de emociones. Simplemente no es posible interrumpir la producción de pensamientos ni de sentimientos.

Los problemas nunca desaparecerán durante nuestra existencia. Los problemas existen para que los solucionemos y no para que nos perturben. Cuando la ansiedad o la angustia invadan su alma no se desespere, extraiga lecciones de su aflicción. Es la mejor forma de tener dignidad en el dolor. Caso contrario, sufrir será inútil. Por desgracia, la mayoría de las personas sufre inútilmente. Expanden su miseria sin enriquecer su sabiduría.

Una pesquisa que realicé sobre la calidad de vida de la población de São Paulo mostró números terribles: 37,8% de los habitantes están ansiosos (más de cinco millones de personas); 37,4% presentan déficit de memoria o son olvidadizos; 30,5% sienten fatiga excesiva; 29,9% sienten dolores musculares, y 29,1% dolor de cabeza.

Por increíble que parezca, el 82% de los habitantes de la principal capital de Latino América están presentando dos o más síntomas. Si realizamos la misma pesquisa en cualquiera ciudad mediana o grande, como Nueva York, Londres, Paris, Tokio, encontraremos números parecidos. La fluctuación emocional y la construcción de pensamientos alcanzaron niveles enfermizos.

En São Paulo hay más de tres millones de personas, incluyendo jóvenes y adultos, con trastorno del sueño. Viven una guerra en sus propias camas. ¿Cuál guerra? La guerra de los pensamientos. Llevan sus problemas y toda la basura social acumulada durante el día para lo que deberían proteger: el sueño. Debido a que no calmaron sus mentes, roban energía excesiva al cerebro. ¿Cuál es la consecuencia? Despiertan cansadas, a pesar de no haber hecho ejercicios físicos. Cuando duermen el sueño no es reparador, pues no consigue reponer la energía gastada por la hiperproducción de pensamientos. Pensar es bueno, pensar demasiado es uno de los principales problemas que destruyen la calidad de vida de los seres modernos. De las diez principales causas que hacen enfermar el ser humano, seis son sociales: el miedo al futuro, la inseguridad, la crisis financiera, el miedo de ser asaltado, la soledad, el desempleo.

Las sociedades modernas se han trasformado en fábricas de estímulos agresivos. Las personas no tienen defensa emocional; pequeños problemas provocan grandes impactos. Pasan años en la escuela aprendiendo a conocer el mundo exterior, pero no saben casi nada sobre la producción de los pensamientos, la forma de gobernarlos y de administrar las frustraciones y las angustias. Ignoran que los pensamientos negativos y las emociones tensas se registran automáticamente en la memoria y no pueden borrarse, solo reeditarlos. La educación moderna, a pesar de tener profesores ilustres, falla, pues no prepara a los alumnos para la escuela de la vida.

Somos víctimas de la depresión, de la ansiedad y de las enfermedades psicosomáticas. Esperábamos que el ser humano del siglo XXI fuera feliz, tranquilo, solidario, saludable. Multiplicamos los conocimientos y construimos carros, neveras, teléfonos e innumerables máquinas para facilitar nuestra vida, para darnos confort y alegría. Sin embargo, nunca como ahora el ser humano se sintió más incómodo y estresado. Esos problemas emocionales, intensificados en los días actuales, siempre estuvieron presentes en la historia de la humanidad, manchándola con guerras, discriminaciones, injusticias y agresiones.

Ser feliz es el requisito básico para tener salud física y emocional. Pero, del punto de vista de la psicología, ser feliz no es tener una vida perfecta sino saber extraer sabiduría de los errores, alegría de los dolores, fuerza de las decepciones, valor de los fracasos.

El mayor de todos los sueños

Los comentarios anteriores sirvieron de preparación para hablar del vendedor de sueños.

Luego del encuentro con Juan el Bautista, Jesús regresó a Galilea y comenzó a enseñar, de sinagoga en sinagoga, acerca de su misión. La gente quedaba asombrada con su elocuencia. Su fama se extendía como fuego en la paja seca. Después, fue hasta Nazaret y expuso en la sinagoga acerca de algunos de sus más bellos sueños. Su proyecto era espectacular.

Entre los oyentes había personas que lo habían visto crecer. Ellas seguramente no darían mucho crédito a sus palabras ni valor al plan trascendental del carpintero. No era el mejor lugar para decir las cosas fundamentales que ocupaban sus pensamientos. Pero Jesús siempre iba en contra de la lógica. No temía ser rechazado. La crítica no lo perturbaba.

Entre los oyentes también estaban sus jóvenes discípulos y un grupo de fariseos desconfiados de todo lo que él decía. Con gran convicción, el Maestro alzó la voz y pronunció palabras que provocaron encanto y sorpresa. Dijo que estaba en la tierra para proclamar liberación a los cautivos, para devolverles la vista a los ciegos y poner en libertad a los oprimidos (Lucas 4.18). Su oficio verdadero no era el de carpintero sino el de escultor del alma humana, un libertador de la cárcel del miedo, de la ansiedad, del egoísmo. Jesús quería libertar a los cautivos y a los oprimidos. También quería sanar a los ciegos, no solo a los ciegos que no ven con los ojos físicos, sino a aquellos que no ven con los ojos del corazón. Los ciegos que temen confrontarse con sus propias limitaciones, que no consiguen cuestionar el real sentido de la vida. Los ciegos que son expertos en juzgar y condenar, pero que son incapaces de ver sus propias fragilidades.

El auditorio quedó maravillado. ¿Quién era ese hombre que se exponía como un carpintero de la emoción? ¿No era el mismo niño que había crecido en las calles de Nazaret? ¿No era el adolescente que seguía los pasos del padre, o el hombre que sudaba cuando cargaba pesados trozos de madera? No entendieron que el niño que jugaba en las calles de Nazaret no era solo inteligente, sino que había crecido en sabiduría volviéndose, poco a poco, un investigador del alma. No tenían idea de que el hombre que se formó en aquella pequeña ciudad había sondeado la personalidad humana como ningún investigador de la psicología, volviéndose el Maestro de los Maestros.

Jesús no solo conoció nuestros errores y defectos exteriores, sino que también analizó el funcionamiento de nuestra mente, y comprendió que nuestros problemas psíquicas son producidos en lo íntimo de nuestro ser. Solo eso explica por qué fue tan tolerante con nuestras fallas, por qué puso a sus enemigos la otra mejilla, por qué nunca dejó de dar otra oportunidad al inseguro, por qué nunca desistió de perdonar.

Cuando hubo concluido su discurso en la sinagoga de Nazaret, todos allí, instigados por los fariseos, se enfurecieron. Lo arrastraron fuera con la intención de darle muerte. Con eso demostraron que eran esclavos de sus preconceptos. No podían aceptar que un carpintero tuviese tan gran misión. Demostraron que eran cautivos y ciegos. Eran libres por fuera y oprimidos por dentro. Los discípulos quedaron muy asustados. Comenzaron a entender la dimensión del problema en que se habían metido. Jesús vendía el mayor de todos los sueños, el sueño de un alma oxigenada, saludable, libre, feliz. Quería ayudar al ser humano a romper las cadenas de los conflictos que controlaban y sofocaban la psique. Pero, ¿quién estaría dispuesto a aceptar la ayuda?

Jesús habló con gran lucidez sobre las causas de la ansiedad. Sus ideas aún perturban a la psiquiatría y a la psicología moderna. Afirmó que necesitamos gobernar los pensamientos y no gravitar en torno de los problemas del mañana. Contemplaba las flores del campo y decía que debemos buscar la grandeza de las cosas sencillas.

Cierta vez, fue más lejos en su discurso. En la fiesta que antecedió a su arresto, despreciando el miedo y el estrés del ambiente, invitó a las personas a bebieran de su felicidad. Nunca alguien fue tan feliz en la tierra de los infelices. La muerte lo rondaba, y él rendía homenaje a la vida. El miedo lo cercaba, pero él estaba sumergido en un mar de tranquilidad. ¿Qué hombre es aquel que se apasiona por la vida mientras el mundo se desmorona sobre él?

Su discurso fue notable y complejo. Dijo que los que creyeran en él tendrían acceso a un río de agua viva que fluiría desde su propio interior. Al usar la figura del río, quiso decir que la energía psíquica no es estable sino fluctuante.

Quería mostrar que el sueño de la felicidad pasa por un constante estado de renovación emocional donde no hay tedio ni angustia ni rutina. En ese estado, el placer es inagotable, pero no estable ni estático. Decía que era posible plantar flores en los desiertos, destilar rocío en la tierra seca, extraer alegría de las frustraciones. No era suficiente ser eterno, él quería que cada ser humano encontrara una felicidad permanente y serena dentro de él mismo.

El vendedor de sueños dejaba perplejos a sus oyentes, tanto a los seguidores como a los perseguidores. Con ocasión de la fiesta, la escolta de soldados que tenía la misión de arrestarlo quedó paralizada. Era muy fácil aprehenderlo. Él no tenía protección ni andaba con guardaespaldas. Pero, ¿quién podría arrestar a un hombre que hace estremecer los pensamientos? ¿Quién podría conseguir amordazar a un vendedor de sueños que libera las emociones? Los soldados se fueron con las manos vacías.

Los líderes de Israel que los habían enviado se indignaron. Al preguntarles qué había pasado, los soldados contestaron: «Nunca nadie habló como este hombre». Impresionados con lo que Jesús decía, ellos desearon ansiosamente beber de la felicidad acerca de la cual se les hablaba.

No fueron sus milagros que cambiaron la historia de la humanidad. Fueron sus sueños. A lo largo de los siglos, Jesucristo ha hecho a billones de personas soñadores. Él fue el más grande vendedor de sueños de la historia. Sus sueños alimentaron la esperanza de los enfermos de cáncer, de los que perdieron a sus seres queridos, de los que sufrieron injusticias, de los que cayeron en el camino, trayéndoles paz en medio de las tormentas y refrigerio en el árido suelo de la existencia.

Bajo el toque de sus sueños se puede encontrar algo tan buscado y tan difícil de encontrar: el sentido de la vida.

5 | El corazón de los discípulos: los suelos del alma humana

Los enemigos y los amigos lo desconocían

Imbuidos de los sueños de Jesús, los jóvenes discípulos, dejando atrás el futuro que habían planeado, tuvieron el valor de voltear la página de su historia y seguirlo. Si hubieran oído a Juan el Bautista anunciándolo, seguramente habrían pensado que era alguien capaz de reunir el mayor de todos los ejércitos, y valerse de su fuerza para que el mundo se postrara a sus pies. Pero quedaron impresionados con aquellas palabras que penetraron en lo más íntimo de su ser. Todo lo que Jesús hacía era romper paradigmas y conceptos establecidos. Aunque revelaba un poder extraordinario, prefería dar énfasis a la sensibilidad. Hablando de la eternidad parecía tan superior a todos, pero era humilde para encorvarse a los pies de personas sencillas. Prefería la inteligencia a la fuerza, la sabiduría al poder. ¿Quién era ese hombre?

Jesús era prudente en el hablar. Nosotros, cuando lo hacemos, exageramos y hablamos en demasía, pero él era ponderado. Sabía cuán difícil era para los discípulos comprender su proyecto, sus ideas, sus sueños. Por eso, era mesurado en alimentarles el alma y el espíritu, como una madre que acaricia a sus hijos. Su gran ambición era transformar a sus indoctos discípulos y hacer de ellos antorchas vivas que pudieran incendiar el mundo con sus proyectos y sueños.

Él no era demasiado explícito cuando se refería a su personalidad y objetivos. A sus enemigos los confundía con sus reacciones; a sus amigos los fascinaba con sus palabras. Amigos y enemigos tenían sus mentes inundadas por las dudas.

Estos no sabían a quién perseguían, y aquellos no sabían a quién seguían. Solo sabían que era imposible mantenerse indiferentes ante él.

La parábola del sembrador: el educador más excelente

Jesús era un brillante narrador de historias. Con sus parábolas, lograba resumir temas para cuyo análisis se requerirían muchos libros. De esta manera educaba a sus discípulos.

Cierta vez, narró una historia que sintetizaba su misión: la parábola del sembrador (Mateo 13.3). De forma simbólica, clasificó el corazón humano como varios tipos de suelos. No habló de errores, aciertos, éxitos o fracasos. Clasificó el corazón emocional e intelectual del ser humano por su receptividad, su desprendimiento y su disposición para aprender.

Contrario a la educación actual, Jesús no usaba las palabras para transmitir informaciones lógicas, ni veía la memoria como un depósito de esas informaciones. Para él, la memoria era un suelo que debía recibir semillas que, al germinar, se desarrollarían y fructificarían.

¿Fructificar dónde? En el territorio de la emoción y en el escenario de los pensamientos. ¿Cuáles serían los frutos? Amor, paz, seguridad, sensibilidad, solidaridad, perdón, mansedumbre, capacidad de servir, habilidad para pensar antes de reaccionar. Él conquistaba el espíritu de las personas, lo íntimo del ser humano, generando inspiración, deseo ardiente por cambios, creatividad y arte de pensar. Alcanzaba algo que la educación clásica anhela, pero no alcanza: producir pensadores y no simples repetidores.

Su deseo no era corregir comportamientos ni producir personas que reaccionaran como robots bien comportados. Jesús plantaba semillas en los suelos consciente e inconsciente de la memoria de sus seguidores, esperando que ellas transformaran sus personalidades a lo largo de la vida. Su tarea era gigantesca, pues sus discípulos tenían una estructura emocional e intelectual deformada y sin bases profundas.

Si bien su visión acerca de la educación y su práctica de transformación de la personalidad fueron manifiestas hace veinte siglos, siguen estando vigentes y son capaces de impactar la educación moderna.

Los suelos del alma humana: el corazón de los discípulos

Durante treinta años, Jesús investigó atenta y silenciosamente el proceso de formación de la personalidad. Era un experto en detectar nuestras debilidades. Sabía que herimos a las personas que más amamos, que perdemos fácilmente la paciencia, que somos gobernados por nuestras preocupaciones. Pero en lugar de acusarnos nos estimuló a pensar.

El Maestro de los Maestros era un plantador de semillas. Sabía que la personalidad no cambia por un acto de magia. Era un educador de principios, un pensador perspicaz, astuto y detallista. ¿Por qué asumiría la función de sembrador comparando el corazón psicológico a un suelo? Porque no quería dar solo enseñanzas, reglas de comportamiento y normas de conducta.

En el Antiguo Testamento, las leyes intentaron corregir al ser humano, disciplinarlo, hacerlo tener una convivencia social saludable, pero fallaron. Aunque las leyes son excelentes normas de conducta, la agresividad, el egoísmo y las injusticias nunca fueron extirpadas, antes afloraron con más fuerza.

La ley y las reglas de conducta buscan cambiar al ser humano de afuera hacia adentro. Las semillas que el Maestro de la Vida quería plantar buscaban cambiarlo de adentro hacia afuera. No hay figura más bella para un educador que la del sembrador. Un educador que siembra es un revolucionario. Pierde el control sobre lo que planta. Las semillas tendrán vida propia y podrán transformar para siempre el sistema emocional y social.

Eso era lo que Jesús anhelaba. Nadie soñó tanto en cambiar el mundo como él, pero nunca usó la violencia o la presión para eso. Él sabía que el cambio solo sería real si ocurría en el alma y en el espíritu humano.

Los cuatro tipos de suelos que describió en su parábola representan cuatro tipos de personalidades distintas, o cuatro etapas de una misma personalidad. En el caso de los jóvenes discípulos, ellos representaban principalmente cuatro etapas del desarrollo de sus personalidades en la jornada con el Maestro de los Maestros.

El primer tipo de suelo: el que está junto a un camino

El primer tipo de suelo lo describió como una tierra al borde del camino (Mateo 13.4). «Y las aves vinieron y las comieron». No tuvieron las mínimas condiciones para germinar.

¿A qué tipo de personas representa ese suelo? Representa a los que no están abiertos a lo nuevo, a los que no están dispuestos a aprender. A los que se encierran en su mundo, a los que están contaminados por el orgullo, que no logran abrir el pensamiento a otras posibilidades. A aquellos para quienes sus verdades son absolutas. A los que tienen su corazón psicológico petrificado como la tierra de una carretera. Son tan rígidos y cerrados que cuando se les mete algo en la cabeza nadie logra removerlo.

¿A cuántas personas conocemos con esas características? ¿Cuántas veces nosotros mismos no reaccionamos así? Somos obstinados, reacios, no permitimos que nos cuestionen. El mundo tiene que girar en torno de lo que pensamos. Esa era la personalidad de aquellos jóvenes a quienes Jesús llamó.

Los dolores, las pérdidas y las decepciones, las nuestras y las de los que nos rodean deberían funcionar como arados para surcar el corazón emocional. Pero a veces somos tan rígidos que no permitimos que ellas penetren en los compartimientos íntimos de nuestro ser. Seguimos siendo los mismos, no aprendemos de nuestros errores; en cambio, una persona inteligente y sabia aprende de los errores propios y de los ajenos.

Los que reaccionan así repiten los mismos comportamientos. Nadie los saca de su camino; nadie logra llevarlos a recapacitar; nadie logra sembrar en sus corazones.

Hay muchos intelectuales: filósofos, psicólogos, médicos que son cerrados y preconceptuosos. No aceptan que se les contraríe; tienen miedo de abrirse a otras posibilidades; son infelices y, lo que es peor, hacen infelices a las personas que más aman.

La sabiduría requiere que estemos siempre abiertos a las nuevas lecciones. La humildad es la fuerza de los sabios, y la arrogancia, en cambio, es la fuerza de los débiles. Ni Jesús, con sus más bellas enseñanzas de sabiduría y amor logró hacer germinar las semillas caídas a la orilla del camino. Él pudo trabajar en el alma de los que recibían sus palabras, pues respetaba profundamente el libre albedrío de las personas. Pero para que pudiera ayudarles, era necesario que se abrieran y reconocieran su propio orgullo, su rigidez y su arrogancia. Los jóvenes discípulos, aunque obstinados, se abrieron a él.

Así, al oír las palabras del Maestro y contemplar, fascinados, sus actitudes, el suelo del corazón de los discípulos fue arado y preparado para recibir sus semillas. Aunque tenían muchos defectos, eran personas sencillas. Su orgullo no tenía raíces profundas. Por eso Jesús los eligió.

Ahora entendemos un poco más del por qué se les escogió a ellos, precisamente. A pesar de ser complicados y agresivos, aquellos hombres eran más fáciles de trabajar que los fariseos. Estos, aunque fueran intelectualmente muy superiores a los jóvenes galileos, estaban contaminados por el virus del orgullo que destruye cualquier tipo de personalidad.

Los jóvenes discípulos comenzaron su caminar con Jesús como el suelo al borde del camino. Todos pasaron por esta etapa, pues eran impulsivos, ansiosos y agresivos. Desde mi punto de vista, la única excepción fue Judas. Él era más culto y sensato, menos impermeable. Cuando Jesús lo encontró, ya estaba en un nivel más adelantado. Era de esperar, por tanto, que brillara más que los otros; no obstante, tuvo un fin trágico.

En *El Maestro de las emociones* comenté que el mayor favor que podemos hacerle a una semilla es enterrarla. Una vez sepultada, ella morirá, pero se multiplicará. Las semillas que no penetran en la tierra son comidas por las aves y pierden su función. Desafortunadamente, la mayoría de las semillas que recibimos no germinan.

¿Cómo está el terreno de su psique? ¿Acepta usted ayuda de las personas que lo rodean? Sus amigos, hijos, compañeros de trabajo, ¿consiguen hablar a su corazón? ¿Hace usted de sus sufrimientos, herramientas para surcar su tierra y volverla apta para que las más nobles semillas puedan crecer allí?

El segundo tipo de suelo: el que está entre piedras

El suelo que está entre piedras es el segundo tipo de corazón a que Jesús hizo referencia en esta parábola. Es un suelo mejor que el que está al borde del camino. Las semillas encuentran allí condiciones, aunque mínimas, para germinar. Las plantitas nacen porque la tierra es poco profunda, pero luego viene el calor del sol y las quema, pues sus raíces son superficiales.

¿A quiénes representa este tipo de suelo? Como el propio Jesús lo dijo, representa a todos los que reciben rápida y alegremente su palabra. «Pero no tienen raíz en sí mismos, sino que son de corta duración, pues al venir la aflicción o la persecución por causa de la palabra, luego tropiezan» (Mateo 13.20).

Los discípulos se dieron cuenta que el Maestro no eliminaba todos los obstáculos que encontraron en el camino. Eso los asustó y confundió y les hizo entender que no estaban libres de decepciones. Pensaron que seguirlo sería vivir bajo un cielo sereno, donde no habría desencuentros ni fracasos. Pero se equivocaron.

Jesús nunca hizo tales promesas. Prometió sí, fuerza en la fragilidad, refrigerio en los fracasos, valor en los momentos de desespero. Los discípulos veían al propio Jesús pasar por tantos problemas y arriesgarse inclusive a ser muerto, y quedaron aterrados. «¿Será, en realidad, el Mesías? ¿Valdrá la pena seguirlo? Y sus sueños, ¿no serán meros delirios?» Esas preguntas los atormentaban, por eso que muchos, desanimados, desistieron de seguirlo.

Creo que todos los jóvenes seguidores de Jesús pasaron por esa etapa. Ellos no eran gigantes, como tampoco lo es ser humano alguno. Todos tenemos nuestros límites. A veces, una pequeña piedra, que para alguien es fácil rodearla, para otro representa una gran montaña. Encarar los problemas y enfrentarlos no es fácil, pero es necesario. El miedo a los problemas intensifica el dolor. Enfrentarlos es una actitud inteligente.

Pero, ¿cuál es la mejor forma de enfrentar los problemas? Echando raíces en el suelo de nuestra psique. Las raíces de un árbol son el secreto del éxito, de su capacidad de soportar el calor del sol, las tormentas y el frío. Las raíces dan sustentación a las plantas y las suplen con nutrientes y agua.

El secreto del éxito de un estudiante, de un ejecutivo, de un profesional, de un deportista también está en sus raíces. Muchos observan el éxito y quedan maravillados, pero no ven cuanto valor, humildad, sencillez, determinación, deseo ardiente por aprender están metidos en la raíces de su emoción y de sus pensamientos.

Si usted no se preocupa en cultivar raíces internas, no espere encontrar aguas profundas en los días de aridez. Las plantas que soportan la angustia del sol y los periodos de sequía no son las más bellas, sino las que tienen raíces más profundas. Allí encuentran el agua que les permite seguir viviendo.

Cualquier día van a presentarse las dificultades y los problemas a los que siempre tuvieron una vida tranquila. Los amigos se marcharán, la persona a quien más amamos nos abandonará, los hijos no nos comprenderán, el trabajo se volverá un tedio, el dinero se irá entre los dedos.

¿Qué hacer? ¿Desesperarse? ¡No! Aprovechar las oportunidades para profundizar las raíces. Jesús demostró que, para eso, es necesario remover las piedras, los estorbos de nuestro ser. ¿Cómo? Explorando dentro de nosotros mismos para conocernos mejor. Exponiéndonos a riesgos para conquistar aquello que realmente tiene valor. Aceptando con valentía las pérdidas irreparables. Reconociendo fallas, disculpándonos, perdonando, tolerando, quitando la viga de nuestros ojos antes de querer sacar el polvo del ojo de los demás.

Los perdedores se perturban con el calor del sol; los vencedores usan sus gotas de sudor para irrigar el suelo de su ser. No tema a las turbulencias de la vida. Si de algo va a tener miedo, que sea el miedo de no poseer raíces.

Cierta vez, Jesús pronunció un sermón para probar a sus oyentes. Los escandalizó diciendo que ellos debían comer de su carne y beber de su sangre. En realidad, lo que quería decir era que sus palabras constituían el alimento verdadero para nutrir los suelos del alma y del espíritu de ellos. Las personas que oyeron la primera parte de su discurso quedaron perplejas. ¿Cómo podrían comerlo? Horrorizados, varios discípulos hicieron ademán de abandonarlo.

Entonces, él los miró y les lanzó una pregunta inesperada. Les dio libertad para que lo abandonaran si querían. Se produjo un momento de silencio. En seguida, Pedro se adelantó y afirmó que él y sus amigos no tenían para dónde ir, pues Jesús tenía las palabras de vida eterna. Ellos habían creído en el sueño de Jesús.

Los jóvenes galileos pasaron por muchas pruebas. Esa fue una de ellas. A cada prueba, sus raíces eran más profundas. Los problemas y los sufrimientos eran herramientas que los hacían descubrir oro dentro de ellos.

El tercer tipo de suelo: el que está entre espinos

El tercer tipo de suelo representa una tierra mejor que las dos primeras. El suelo es adecuado. No es tierra apisonada, no está llena de piedras. En este tipo de suelo, las semillas echan raíces profundas, consiguen alcanzar aguas subterráneas, soportan el calor del sol y las tempestades. Las plantitas comienzan a crecer con vigor y entusiasmo.

Sin embargo, junto con las pequeñas plantas, crecen también, sutilmente, los espinos. Al principio, los espinos parecen frágiles e inocentes. Hay espacio para que todas las plantas convivan juntas. Pero, con el paso del tiempo, las plantas y los espinos se hacen grandes y el espacio comienza a hacerse pequeño. Se inicia, entonces, entre ellos, una competencia por los nutrientes, el oxígeno, el agua y la luz del sol. Los espinos crecen rápidamente y comienzan a sofocar a las plantas, controlando su deseo de vivir. Así, a pesar de tener raíces profundas, las plantas no fructifican, no sobreviven.

¿A qué grupo de personas o a qué etapa de la personalidad corresponde ese tipo de suelo? Corresponde a las personas más profundas y sensatas, que permiten el crecimiento de las semillas del perdón, del amor, de la sabiduría, de la solidaridad y de todas las demás semillas del plan trascendental del Maestro de los Maestros.

Soportan las incomprensiones, las presiones, las dificultades externas.

Los jóvenes elegidos por Jesús lo vieron sufrir oposición y persecución, pero no se desanimaron. Quedaron amedrentados cuando él, en varias ocasiones, estuvo a punto de ser apedreado, pero no lo abandonaron. Ninguna crítica, rechazo, enfermedad, decepción o frustración fue capaz de robarles el deseo de seguirlo.

Día tras día se hicieron fuertes para vencer los problemas del mundo. Pasaron los años y parecían imbatibles. Sin embargo, no estaban preparados para superar los problemas de su propio mundo interno que crecían sutilmente en lo íntimo de su ser. En esta parábola, Jesús dijo que los espinos representan las preocupaciones existenciales, los cuidados del mundo, las ambiciones, la fascinación por las riquezas.

¿Quién no tiene preocupaciones? ¿Quién no anticipa situaciones del futuro y sufre por lo que vivió en el pasado? ¿Quién no es seducido por las riquezas? Hay innumerables tipos de riquezas que fascinan al ser humano: poseer bienes, ser admirado, ser reconocido, ser más que los otros.

Los grandes problemas, como enfermedades o el riesgo de morir, no destruyeron a los discípulos. Tendrían ahora que pasar por la prueba de los pequeños problemas que crecían en el suelo de su alma y competían con las plantas nacidas de las semillas puestas en ellos por el Maestro de los Maestros. La arrogancia competía con el perdón; la intolerancia, con la comprensión; la necesidad de poder, con el desprendimiento; la rabia y el odio, con el amor.

Uno de los mayores culpables por la asfixia de las plantas no es el fracaso sino el éxito. El éxito profesional, intelectual, financiero y hasta espiritual, si no es bien administrado, paraliza la inteligencia, obstruye la creatividad, destruye la simplicidad.

El éxito ¿lo ha paralizado o lo ha liberado?

Muchos líderes espirituales, mientras el grupo es pequeño, dan atención especial a cada persona de su público, preocupándose por el dolor que sienten. Pero, al conquistar a miles de oyentes, pierden la visión de cada uno, pues estos se vuelven solo números. Jesús dijo: «Yo soy el buen pastor, aquél que da la vida por sus ovejas» (Juan 10.11). La fama jamás lo hizo perder el contacto íntimo con las personas. Él conocía a cada oveja por su nombre y se preocupaba por sus necesidades individuales. Muchos catedráticos, al principio de la carrera, son osados, creativos y aventureros. Pero cuando van subiendo en la jerarquía académica sofocan su capacidad de pensar y se vuelven estériles de ideas. Muchos ejecutivos en el auge de sus carreras reprimen la osadía, la perspicacia y la sensibilidad. Tienen miedo de arriesgarse, no exploran lo desconocido. No logran ver los pequeños problemas que causarán grandes trastornos en el futuro.

Las semillas de los espinos estaban allí desde la más temprana formación de la personalidad de los discípulos, como están en todos nosotros. Algunas preocupaciones son legítimas, como la educación de los hijos, la seguridad personal y familiar, una buena jubilación, un buen plan de salud. El problema comienza cuando esas preocupaciones nos controlan, roban nuestra tranquilidad y nuestra capacidad de decidir. Muchas personas son asaltadas a diario por pensamientos perturbadores. Son maravillosas con los demás, pero son esclavas de sus propios pensamientos. No saben cuidar de su calidad de vida.

Yo vivo en medio de la vegetación. Es un sitio bellísimo; sin embargo, no es fácil plantar flores en ese lugar, pues las hormigas las atacan con gran voracidad y los espinos y las otras plantas se multiplican rápidamente, disputándoles el espacio disponible; por tal motivo, es necesario un cuidado diario: sacar las hierbas malas, abonar la tierra, regar y suplirle los nutrientes.

De la misma forma, necesitamos cuidar del ecosistema de nuestra psique. Estar atentos para remover a diario la basura que se amontona en los terrenos de nuestra emoción y reciclar los pensamientos negativos y perturbadores que se producen sutilmente.

Judas fue asaltado poco a poco por pensamientos perturbadores, y no los superó. En los primeros años sin duda que jamás pensó que traicionaría a Cristo. Quería que se volviera contra los fariseos, pero Jesús era paciente con sus enemigos. Quería que el Maestro tomara el trono político de Israel, pero él quería el trono del corazón humano. Judas admiraba a Jesús, pero no lo entendía ni lo amaba. Trataremos de ese tema cuando comentemos el desarrollo de la personalidad de los discípulos. Los espinos crecieron en lo secreto del alma de Judas. Como él no los trató, sofocaron las bellas enseñanzas del Maestro de los Maestros. Perdemos la sencillez en la medida que la vida se vuelve más compleja. Las personas del mundo moderno son más infelices que las del pasado. La ciencia progresó, la tecnología avanzó, las necesidades se expandieron y, así, la vida perdió su sencillez y su poesía.

Padres e hijos son capaces de hablar de técnicas complicadas, pero no saben hablar de sí mismos. No saben llorar y soñar juntos. Hay amigos que permanecen por años sin comunicarse. No tenemos tiempo para las cosas importantes, pues estamos llenos dentro de nosotros mismos. Si no tenemos problemas exteriores, nosotros los creamos.

Jamás debemos olvidarnos de que el registro de las experiencias psíquicas es automático. Si no tratamos nuestras angustias, nuestras preocupaciones con enfermedades, el miedo al futuro, las reacciones ansiosas, todo eso se irá depositando en los suelos de la memoria, volviéndolos ácidos y áridos. Las flores no soportan esa acidez, pero los espinos la aman.

Quien no tiene ese cuidado se irá entristeciendo y enfermando lentamente a lo largo de la vida sin importar que haya tenido una niñez saludable. La vida se vuelve tan amarga que la persona no entiende por qué es infeliz, impaciente, víctima de las tensiones o por qué tiene enfermedades psicosomáticas. No hay problemas exteriores, ni crisis familiar, financiera o social. Tiene todos los motivos del mundo para vivir sonriendo, pero está angustiada. ¿Por qué? Porque no cuidó de sacar los espinos de su interior. La parábola del sembrador contada por Jesús tiene un profundo efecto educativo y terapéutico. Debemos estar alertas.

¿Qué tipo de suelo es usted? ¿Ha cuidado las principales plantas de su vida? ¿Ha plantado flores en los suelos de su memoria o los ha ensuciado con basura y preocupaciones?

El último tipo de suelo: la buena tierra

Llegamos a la buena tierra, el suelo donde el Maestro de la Vida quiere plantar y cultivar las más importantes funciones de la personalidad. Jesús anhela cambiar el ecosistema de la humanidad pero él necesita del corazón humano para realizar esa tarea. El corazón psicológico que representa la buena tierra es el que remueve las piedras, soporta las dificultades de la vida, echa raíces profundas en los tiempos de aridez, soluciona los problemas íntimos y, así, crea un clima favorable para fructificar con abundancia.

¿A quiénes corresponde la buena tierra? El propio Jesús dijo que es a los que comprenden su palabra, reflexionan sobre ella y permiten que habite en su ser. Proceden como sedientos ansiosos por agua, como jadeantes deseosos de aire, como niños hambrientos de leche. No están motivados solo por el entusiasmo de las buenas nuevas, sino por la disposición obstinada por aprender.

Hay que hacer resaltar que este grupo privilegiado no está constituido por las personas más inteligentes, eruditas, puras y éticas. Muchos miembros de ese grupo eran personas complicadas, tenían serios defectos, fracasaron innumerables veces pero superaron sus conflictos, valoraron lo que realmente importaba, abrieron su corazón al vendedor de sueños y aplicaron su palabra a ellos mismos.

Algunos, como Pedro, fueron bastante lejos en sus errores. Cayeron en el ridículo y tuvieron que soportar la vergüenza. Otros, tuvieron el valor de reconocer sus limitaciones y extraer las más profundas lecciones de las más incomprensibles fallas. No temieron llorar y recomenzar.

Los jóvenes galileos entendieron, a lo largo de los meses, que no era suficiente admirar a Jesús. No bastaba con aplaudirlo y considerarlo el Hijo del Dios Altísimo. Entendieron que amarlo y seguirlo exigía un precio. El mayor de todos los precios consistía en reconocer sus propias miserias. Era enfrentar el egoísmo, el individualismo, el orgullo que contamina a diario el terreno de la emoción. Era aprender a amar incondicionalmente, a poner la otra mejilla y a no desistir de sí mismo ni de nadie, por más fallas que se produjeran.

Para el Maestro de los Maestros, los suelos no eran estáticos. Un tipo de suelo podría transformarse en otro. Jesús usó varias herramientas para corregir los suelos de sus discípulos. Al caminar con ellos, los puso en situaciones difíciles, los hizo entrar en contacto con el miedo, la ambición y los conflictos. Los entrenó constantemente para «labrar» el alma, desmenuzar los terrones, corregir la acidez y reponer los nutrientes. Nadie podría haber previsto el resultado. Era una tarea casi imposible. Jesús tenía todas las de perder.

Dentro del primer año, los discípulos presentaron reacciones agresivas y egoístas. En el segundo año, aun competían, deseando unos ser mayores que los otros. En el tercer año, el individualismo aún tenía raíces fuertes. Al final, poco antes de la crucifixión, el miedo seguía teniéndolos presos. Jesús parecía derrotado. Pero persistía como si fuera un artesano de la inteligencia humana. ¡Confiaba ciegamente en sus semillas!

Jesús no era solo un vendedor de sueños, también era un vendedor de esperanza. Podían escupirle la cara, abofetearlo, negarlo y hasta traicionarlo, pero él no desistía. Creía en el potencial de sus semillas y en los suelos que cultivaba. Será fascinante observar lo que sucedió.

Para el Maestro de la Vida, ningún suelo era inútil o inservible. Una meretriz podría ser lapidada y sobresalir más que un fariseo. Un recolector de impuestos corrupto y cínico podría ser trasformado al punto de implantar en su reino a un líder espiritual puritano y moralista. Un psicópata inhumano y violento podría recapacitar y volverse capaz de recitar poemas de amor, tener sentimientos altruistas y arriesgarse para ayudar a otros.

Nunca nadie creyó tanto en el ser humano. Nunca nadie entendió tanto de los caminitos de nuestra emoción y deseó tanto como Jesús trasformar el teatro de nuestra mente en un espectáculo de sabiduría.

6 | Trasformando la personalidad: la metodología y los principales laboratorios y lecciones

Esculpiendo el alma humana en la escuela de la vida

Me parece importante dedicar algún tiempo para exponer algunos artificios inconscientes que conducen al proceso de transformación de la personalidad. Si no entendemos ese proceso, tendremos solo una admiración superficial por Jesús, y él no será un Maestro Inolvidable a nuestros ojos.

La relación de Jesús con los discípulos tenía una clara intención. Él sabía a dónde quería llegar por los caminos de la inteligencia. Quedé asombrado al estudiar sobre la forma en que Jesús actuaba en la personalidad de sus seguidores. Si se comparan con su magnífica pedagogía, las ciencias de la educación están en la edad de la piedra.

Jesús probó que en cualquier época de la vida podemos reeditar la película del inconsciente y cambiar los pilares centrales que estructuran la personalidad. Su metodología incluía complejas experiencias de vida, que aquí llamo de laboratorios existenciales.

Cada laboratorio era una escuela viva, creada en un ambiente real, espontáneo, que involucraba a sus discípulos en las más complejas circunstancias. El objetivo de esa escuela viva era realizar entrenamientos eficientes donde los archivos conscientes e inconscientes de la memoria se expusiesen y fuesen transformados.

He dicho y repetido que la memoria humana no puede borrarse. En las computadoras es fácil pero no logramos hacer lo mismo en la memoria humana, pues no conocemos la localización de los archivos enfermos ni las herramientas que se requieren para borrarlos. No podemos borrar la basura, los traumas, las frustraciones del pasado, por eso, querámoslo o no, tenemos que convivir con ellos. La única posibilidad es reeditar esos archivos, sobreponiendo nuevas experiencias a los fundamentos antiguos.

Pero ese es un proceso lento y Jesús tenía plena conciencia de eso. En su indescifrable sabiduría, él creó situaciones para que salieran a la luz características enfermizas que estaban en la gran periferia de la memoria, en el inconsciente. Sus laboratorios existenciales aceleraban y hacían más eficiente el proceso de reedición. Demoré años para entender ese mecanismo usado por el Maestro de los Maestros.

Horas antes de ser arrestado, al lavar los pies de los discípulos, él estaba buscando conscientemente reeditar las áreas enfermizas de sus memorias. Sus actitudes programadas hacían que la competición predatoria y la arrogancia fuesen espontáneamente reescritas.

El Maestro de la Vida educaba la inteligencia al mismo tiempo que trataba terapéuticamente los traumas de los discípulos. Sabía lo que quería alcanzar en la personalidad de ellos y cómo llegar allá. Creo que Jesús fue el mayor educador del mundo, incluyendo, por supuesto, a Freud.

Freud pensaba que al declarar libremente lo que le venía a la cabeza, un paciente podría captar y comprender los conflictos del inconsciente y así generar un auto conocimiento y superar traumas y conflictos. Infelizmente, Freud no tuvo la oportunidad de estudiar los papeles de la memoria y el proceso de construcción del pensamiento. Por eso, no comprendió que jamás podríamos conocer la historia de forma pura, pues la historia siempre se está reconstruyendo.

No existe recuerdo puro del pasado, sino una reconstrucción de él. ¿Por qué? Porque en el momento en que recuerdo una experiencia pasada estoy siendo influenciado por una serie de variables, como mi estado emocional, el ambiente donde me encuentro, mi motivación. Esas variables entran en el escenario, dando al pasado colores y sabores que no tenía.

Para comprobar eso, pregunto: ¿Cuántos pensamientos produjo usted durante la semana pasada? Seguramente millares de millares. ¿De cuántos se acuerda con exacta precisión, tal como fueron formulados? Tal vez de ninguno. Pero si yo le pido que reconstruya los ambientes, las circunstancias y las personas con quienes convivió, produciría miles de nuevos pensamientos, aunque no exactamente iguales a los de la semana anterior. Usted creó algo nuevo al recordar su pasado.

Ese ejemplo comprueba científicamente que la historia archivada en la memoria es un soporte para la creatividad, y no un depósito de información que puede ser alcanzado y repetido, como en las computadoras. Prueba también que no existe recuerdo puro, sino reconstrucción del pasado con micro o macro diferencias. Demuestra también que las pruebas escolares que esperan obtener repetición de informaciones están equivocadas. Queremos que nuestros alumnos repitan informaciones, pero la memoria de ellos clama para que críen nuevas ideas.

Muchos piensan que están recordando el pasado en los consultorios de psicología, pero muchas veces están recordando el pasado desfigurado por el presente. El objetivo máximo del tratamiento psicológico es reeditar la historia pasada y rescatar el liderazgo del «Yo». El «Yo» tiene que ser el que gobierna los pensamientos y administra las emociones. Caso contrario, siempre será víctima de sus miserias psíquicas.

El Maestro de los Maestros no quería que sus discípulos fueran meros repetidores de reglas morales y éticas. Su plan era más profundo. Deseaba que reescribieran su propia historia, aprendieran a pensar antes de reaccionar, rompieran la prisión interior y se volvieran líderes de ellos mismos. Solo así serían capaces de amar el espectáculo de la vida y tener libre albedrío.

El gran problema es saber cómo reeditar la película del pasado, cómo sobreponer nuevas imágenes a las imágenes antiguas. Para reeditar el pasado necesitamos reeditar los archivos que se entrelazan en la tela del inconsciente. ¿Cómo reeditarlos, si aparecen solo en los momentos de estrés? Raramente una crisis de pánico ocurre en una consulta terapéutica, lo que dificulta al psiquiatra o al psicólogo entender la dimensión de la crisis del paciente y proveer herramientas para que pueda superar su conflicto.

Siguiendo el mismo principio, un psicópata puede tener un comportamiento sereno en determinadas situaciones, con algún grado de lucidez, pero en situaciones estresantes abre ciertas ventanas de la memoria y muestra su lado violento. ¿Cómo actuar en esas mallas ocultas? Muchos psiquiatras creen que los psicópatas son incurables. Yo creo que para ellos hay esperanza. La trasformación de la personalidad del apóstol Pablo es un ejemplo de cómo una persona agresiva puede ser trasformada en un poeta del amor. Infelizmente, la mayoría de las personas llevan sus conflictos con ellos a la tumba. Se habitúan a ser agresivas, fóbicas y ansiosas por toda la vida.

Jesús tenía las mismas dificultades para entrar en la red del inconsciente de sus discípulos. A pesar de parecer ángeles inofensivos en determinadas situaciones, el Maestro sabía que en lo íntimo de la personalidad de ellos había graves conflictos. Que tras la cortina de los pensamientos de sus jóvenes seguidores, había una agresividad explosiva y una impulsividad incontrolable.

Por eso, usando una inteligencia increíble, creó innumerables situaciones para que los archivos enfermos salieran a la luz para ser superados. En los primeros años que comencé a analizar la inteligencia de Jesús, no entendía por qué una persona tan sabia se involucraba en tantos problemas. Si hubiese querido, los habría podido evitar con algo de perspicacia.

El Maestro de los Maestros no estaba interesado solo en que los discípulos rescataran el pasado sombrío, pues sabía que este rescate es frecuentemente distorsionado. Deseaba que reeditaran el pasado. Conocer la grandiosidad del perdón, superar el sentimiento de culpa, cultivar un amor fraterno eran instrumentos preciosos para esta reedición. Vamos a examinar algunos ambientes dramáticos usados por Jesús para trabajar en lo íntimo del alma de los discípulos.

Arriesgándose para salvar a una meretriz

En las situaciones diarias, los discípulos eran llevados a tratar con sus propios trastornos psíquicos. Cada clima creado en la escuela de la vida daba origen a una socioterapia que trataba con el egoísmo, la intolerancia y la radicalidad de ellos. Después, Jesús concluía con una psicoterapia de grupo o individual en la que trataba con sus conflictos íntimos. En esos momentos, hablaba directamente al corazón de los discípulos con palabras sencillas, directas e impactantes.

Cierta vez, el Maestro se enfrentó al riesgo de morir por causa de una mujer adúltera. Los fariseos querían que les dijera si apedreaban o libertaban a la mujer sorprendida en adulterio. En el primer momento él no contestó. El clima se puso extremadamente tenso y amenazador. De esta manera, él expuso el miedo, la inseguridad y la discriminación no solo de los fariseos, sino también de los discípulos. ¿Por qué? Porque ellos hubieran apedreado a la mujer.

En un segundo momento, Jesús intervino llevando a los fariseos a pensar en su propia enfermedad y protegiendo a la mujer. Al ver la escena, quedaron espantados por el hecho de que Jesús estuvo dispuesto a arriesgarse por una desconocida, considerada «escoria» de la sociedad.

Era mucho más fácil decir que la apedrearan, cumpliendo con la ley, pero si hacía eso, Jesús habría dado muerte a su amor y a su proyecto de vida. De modo que protegió a la adúltera con el escudo de su propio ser. Los discípulos entendieron, así, que también eran discriminadores y se dieron cuenta de sus limitaciones, sus ansiedades y lo difícil que les resultaba razonar en situaciones estresantes.

Después de esa experiencia, creó en la intimidad de los discípulos un ambiente psíquico favorable para que tuviera lugar la más eficaz psicoterapia. Ahora, las palabras de Jesús «Ama a tú prójimo como a ti mismo», tenían otro sabor. Habían penetrado en los suelos inconscientes de sus memorias reeditando algunos traumas y conflictos. Es posible que ellos, atónitos, hayan pensado: «¡Qué limitados somos! ¿Qué amor es ése que se entrega hasta las últimas consecuencias?» Es importante resaltar que el tratamiento era ministrado por el Maestro de los Maestros con un amor inexplicable.

Él entrenaba a sus discípulos para trasformar piedras en diamantes. Al andar con Jesús, los insensibles se apasionaban por la vida, los agresivos calmaban la turbulencia de sus emociones y los indoctos se volvían ingenieros de ideas. No era una tarea fácil. Diariamente los discípulos creaban problemas. El Maestro del Amor, siempre dócil, escuchaba sus absurdos y, pacientemente, trabajaba en los vacíos de sus almas toscas. Él creía en el ser humano, por más que este lo decepcionara. Jesucristo fue un escultor de la personalidad.

Seguramente a usted le gustaría relacionarse con personas serenas y que lo valoren por sus calidades; tener hijos que reclamen menos y sean menos agresivos; alumnos menos ansiosos o esquivos y que amen ardientemente el saber. Y compañeros de trabajo menos competitivos, más francos y éticos. Pero no se olvide de que muchos intelectuales y hombres que brillaron en la sociedad fueron, en el pasado, personas complicadas.

¿Por qué fue que llegaron a ser personas brillantes? ¿Cómo vencieron sus problemas? Porque alguien se ocupó de ellas. Las personas que más le traen problemas hoy pueden llegar a ser las que más alegrías les den en el futuro. Crea en ellas, cautívelas, sorpréndalas. Plante semillas y espere que pasen los años. Esa es la única aplicación donde jamás se pierde, siempre se gana. Si las personas a quienes usted ayudó no ganaren, ciertamente usted ganará. ¿Qué ganará? Experiencia, paz interior y conciencia de que hizo lo mejor posible.

El Maestro de la Vida dedicó su energía e inteligencia a personas complicadísimas para demostrar que para todos hay esperanza. Usted y yo tenemos esperanza de ser capaces de trasformar los problemas intocables de nuestra personalidad. Solo Judas pensó que su problema no tenía solución, aunque al principio hubiese sido el mejor. Como veremos, Jesús nunca lo abandonó sino que fue él quien se auto abandonó.

Vamos a analizar algunos de los principales entrenamientos ministrados por Jesús. Es tan amplio que serían necesarios algunos libros para exponer este tema, pero hablaré solamente de algunos puntos. En cada entrenamiento, veremos su metodología, algunas de las más importantes lecciones de vida.

Entrenándolos para que fueran fieles a su propia consciencia

Cierta vez, Jesús contó una historia que perturbó a sus oyentes, rompiendo para siempre algunos paradigmas religiosos. Dijo que un fariseo oraba de forma elocuente. Que en su oración daba gracias a Dios por su integridad, que ayunaba, ofrendaba y oraba frecuentemente. Había también un pobre desdichado que apenas conseguía hablar con Dios.

Elevaba sus ojos al cielo, se golpeaba el pecho y pedía misericordia. Probablemente, no daba ofrendas en el templo, no oraba con frecuencia y no tenía un comportamiento ético. Se sentía un miserable delante de Dios.

¿Cuál de esas dos oraciones fue aceptada por Dios? Si se hiciera una encuesta entre todos los religiosos del mundo, probablemente el fariseo ganaría con ventaja. Pero, para sorpresa de los oyentes, Jesús dijo que la oración del fariseo no fue oída, que no alcanzó el corazón del Creador. ¿Por qué? Porque él oraba para sí mismo, auto exaltándose. No buscaba a Dios en lo íntimo de su ser. Según Jesús, Dios mira buscando algo que no se ve externamente: la consciencia, la verdadera intención.

El fariseo se consideraba un gran hombre de Dios por su ética moral y religiosa. Pero no analizaba sus propios errores, no tenía conciencia de que el corazón que late, el aire que respira, la mente que piensa son dádivas divinas. A los ojos del Maestro de los Maestros, lo que importa a Dios es la consciencia.

El miserable que no lograba siquiera producir una oración lógica y digna tocó el corazón de Dios. No logró hacer un gran discurso porque era consciente de su pequeñez, de su fragilidad y de la grandeza del Creador. No deseo aquí entrar en temas de la fe, sino mostrar uno de los más complejos entrenamientos de Jesús. Él entrenó a sus discípulos a ser fieles a su propia consciencia.

Nada vale disfrazar, disimular y teatralizar comportamientos. No es la cantidad de errores que determinan la grandeza de un discípulo sino su capacidad en reconocerlos. Una persona puede tener mil defectos, pero, si tiene el valor de admitirlos, estaría abriendo camino para ser sanada. El mismo principio ocurre en la psiquiatría y en la psicología moderna. Nada podemos hacer por una persona que se oculta dentro de sí misma, excepto si es una psicótica. Vivimos en sociedades que aman los disfraces y las máscaras sociales. Las personas sonríen aunque estén destruidas por la tristeza; mantienen las apariencias; para los de afuera, son éticos; para los miembros de la familia, son verdugos. El sistema político simplemente no podría sobrevivir sin mascarillas, disfraces y mentiras. Cierta vez, el Maestro de la Vida criticó a los líderes religiosos, comparándolos a sepulcros blanqueados. Por fuera estaban muy bien pintados, pero por dentro estaban podridos. Fue una comparación muy valiente, pero sincera. Muchos fariseos mantenían un comportamiento religioso ejemplar, pero, en oculto, odiaban al punto de matar.

En el Sermón del Monte Jesús dijo que no era suficiente no matar, sino que era necesario no airarse. Con eso quería decir que podemos no matar físicamente, pero que podemos matar interiormente. Muchos matan emocionalmente a sus compañeros de trabajo, a sus amigos y, a veces, hasta a las personas que más aman, cuando estas los decepcionan.

Jesús aceptaba todos los defectos de sus discípulos, pero no admitía que no fueran transparentes. El único que no aprendió esa lección fue Judas. Jesús les enseñó a ser auténticos en cualquiera circunstancia. Y dio ejemplos. Él decía abiertamente lo que pensaba. Sabía que podrían arrestarlo e incluso darle muerte, pero no se callaba, aunque el clima fuera tenso.

El Maestro de los Maestros era intrépido, no se callaba. Pero su hablar no era agresivo. Exponía sus ideas con tranquilidad y seguridad. A las personas las quería conquistar y no destruir. Muchas veces nos encontramos con personas que dicen ser honestas, que siempre hablan lo que piensan. Pero, en realidad, son descontroladas, violentas, impulsivas, autoritarias. En lugar de conquistar a las personas, las pierden. Jesús comunicaba serenidad. En algunas situaciones, pudiendo hablar, prefería guardar silencio. Hablaba sólo cuando era estrictamente necesario.

Hay personas que aman hablar extensamente del mundo exterior, pero callan cuando se trata de sus pensamientos más íntimos. Alumnos temen contrariar a sus profesores. Miembros de iglesias ocultan sus divergencias con sus líderes religiosos. Funcionarios temen proponer nuevas ideas a sus jefes o a los ejecutivos de sus empresas. Muchos jóvenes catedráticos evitan confrontar a sus superiores. Estas personas se sienten atrapadas por el sistema y viven estresadas. Mentes brillantes son sofocadas, perpetuando conflictos que raramente son reeditados.

No podemos dejarnos controlar por lo que los demás piensen y hablen de nosotros. Ser comedidos sí, pero ocultarnos, nunca. El hombre que es infiel a su propia consciencia jamás pagará la deuda en contra de sí mismo.

Los discípulos de Jesús tenían libertad para hablar con él y expresar sus dudas. Se los entrenó para que fueran fieles a su propia consciencia, para que fueran sencillos como las palomas y prudentes como las serpientes (Mateo 10.16). Debían saber qué hablar y cómo hablar, pero jamás callar, ni delante de reyes. Debían aprender a hablar con seguridad y sensibilidad, con osadía y sabiduría. De nada les habría servido conquistar el mundo si no conquistaban sus propias conciencias.

Entrenándolos en oratoria y comunicación

El entrenamiento de los discípulos llevado a cabo por Jesús comprendía muchas áreas, incluyendo la comunicación y la oratoria. Él quería que aprendieran a hablar de forma vibrante; por eso, su plan era así, vibrante. Quería que aprendieran a hablar al corazón de las personas, pues su proyecto era impregnar el mensaje con afecto. Los discípulos tenían pocos recursos lingüísticos, y cómo divulgar el plan de Jesús, su amor y su misión no dependían de la presión social, de armas o de la violencia, la única herramienta eran las palabras.

Si los discípulos no se transformaban en excelentes oradores, no convencerían al mundo de que el carpintero que había muerto en la cruz era el Hijo del Dios Altísimo. ¿Cómo enseñar a esos hombres a hablar con las multitudes, si apenas podían organizar las ideas delante de sus enemigos? Aunque Jesús tenía grandes posibilidades de fracasar, ofreció a los discípulos magníficas clases de oratoria sin que ellos se dieran cuenta.

La capacidad de comunicación de Jesús dejaba a todos sus oyentes fascinados, tanto por el contenido de sus discursos como por la forma de exponerlos. Él había unido dos herramientas difíciles de conciliar en la oratoria: la convicción y la sensibilidad.

Su voz era segura y suave y penetraba en los caminos de la emoción de sus oyentes. Hablaba con los ojos y con gestos. ¿Cómo llegué a esa conclusión? Por las reacciones de las personas, hasta de los que eran sus opositores.

El Maestro de los Maestros fue un excelente comunicador de multitudes. Los oradores de la actualidad usan recursos sofisticados de multimedia. Algunos conferenciantes no logran desarrollar la inteligencia sin el auxilio de una computadora para animar su exposición. Las personas dependen cada vez más de recursos externos para exponer sus ideas.

Jesús no usaba ninguno de estos recursos pero sus discursos y su didáctica magnetizaban a las multitudes. Era capaz de hablar a miles de personas al mismo tiempo. Y su público era un público heterogéneo. La cosa más difícil es hablar para un auditorio constituido por adultos, niños, intelectuales, indoctos. Los niños distraen a los adultos. Una palabra o un concepto fuera de lo común no es comprendido por quienes tienen menos conocimiento académico.

Imagine lo que debe ser hablar a un público mixto y sin micrófono. Casi imposible. Pero Jesús hablaba con excelencia a diez, mil o diez mil personas. Para eso buscaba espacios amplios, tranquilos y con buena capacidad de difusión sonora. Sus discursos encantaban a las multitudes. Los evangelios registran distintas reacciones de entusiasmo provocadas en el público.

Algunos líderes espirituales me han dicho que al estudiar la inteligencia de Jesús y al usar su método de predicar sermones, comenzaron a encantar al público. El Maestro de los Maestros les enseñó esa lección.

En los tiempos de Jesús, la gente estaba hambrienta y enferma. Cuando la miseria física toca a la puerta, nadie piensa en cuestiones existenciales. Los instintos prevalecen sobre el arte de pensar. Cautivar el pensamiento de personas hambrientas era un verdadero desafío. Hacerlas desviar la atención del pan físico hacia el pan psicológico y espiritual era una tarea gigantesca.

Pero Jesús atraía a las multitudes. Más que sus hechos sobrenaturales, su oratoria dejaba asombrados a hombres y mujeres. El vendedor de sueños inspiraba el alma y el espíritu humanos.

Al penetrar de forma viva en los laboratorios de comunicación del Maestro de los Maestros, sus discípulos fueron poco a poco abriendo las ventanas de la inteligencia y liberando su creatividad. Reeditaron las bases de la memoria que contenía timidez, inseguridad, insensibilidad, miedo al rechazo y a la crítica. Experimentaron así un progreso sin precedentes.

Después de la muerte de Jesús, los jóvenes galileos también se volvieron grandes vendedores de sueños. Hablaban de los sueños de su Maestro como si fueran los de ellos. Predicaban con la mayor convicción sobre un reino celestial que nunca habían visto. Encantaron a auditorios. Estancaron lágrimas. Trajeron esperanza en medio del caos y alegría en medio del dolor.

Entrenándolos para hablar de ellos mismos

Jesús fue un Maestro Inolvidable en todos los aspectos. Entrenó a sus discípulos no solo para hablar al mundo, sino para hablar de su propio mundo. Vamos a explicar qué es esto. Jesús sabía del riesgo a que se expone un gran orador cuando se vuelve orgulloso y se considera más que los demás. Cuando tal cosa ocurre, se aísla y ya no sabe hablar de las pequeñas cosas ni de sus conflictos interiores.

Muchos curas, pastores, rabinos, líderes musulmanes, budistas, cuando empiezan a ser admirados, se encierran dentro de ellos mismos, ya no hablan de sus inquietudes y sufrimientos, muchas veces sufren crisis depresivas, pero prefieren ocultar sus sentimientos.

Me viene a la memoria el caso de un cura, ilustre director de un seminario, que sufría crisis de pánico delante del público. Era tal su agonía que temía que en cualquier momento le diera un infarto. Pero no tenía el valor de hablar de su drama con nadie, ni con los curas que lo auxiliaban. Solo después de leer mis libros accedió a hablar conmigo. Viajó más de seiscientos kilómetros para verme; desafortunadamente, solo buscó ayuda después de más de diez largos años de sufrimiento silencioso.

Cada religión debería tener un Centro de calidad de vida para prevenir trastornos psíquicos, y para que sus líderes y adeptos tengan la posibilidad de ayudarse mutuamente, superar conflictos y expandir las funciones más importantes de la inteligencia. Cualquiera institución que niegue el estrés y las enfermedades emocionales comete una gran injusticia con sus miembros. No existe una sola persona que no tenga algún problema. Los casos más graves necesitan de ayuda. Negarla es ser inhumano; es hablar de Dios sin inteligencia espiritual, emocional, multifocal; es negar el amor por la vida.

De la misma forma, en las universidades y en las grandes empresas debería haber un Centro de calidad de vida para tratar a sus funcionarios, investigadores, profesores y alumnos. Muchos solo buscan ayuda después que gran parte de los archivos de la memoria están contaminados por experiencias enfermizas. Diariamente, la memoria registra de forma privilegiada pensamientos mórbidos y emociones estresantes. Cuanto más tiempo pasa, más difícil es reeditar la película del inconsciente.

Desafortunadamente, muchos piensan que tener un trastorno emocional es señal de fragilidad y de pequeñez intelectual. Este preconcepto existe tanto en los medios académicos cuanto, y principalmente, en los medios religiosos. Este es un completo error. La depresión y el síndrome del pánico, por ejemplo, acostumbran surgir en las personas afectivas y humanas más sensibles. Son buenas y generosas para con los demás, pero pésimas para con ellas mismas. Cuidan a los más cercanos, a los que son incapaces de perjudicar, pero no saben cuidarse.

Jesús jamás despreció a los enfermos. Por eso, quiso humanizar a sus discípulos. No deseaba formar hombres seducidos por el éxito, que se pusiesen por encima de los demás mortales, creyéndose superiores a ellos sino que anhelaba que la personalidad de cada uno estuviera llena de humildad. Quería generar discípulos capaces de decir: «Me equivoqué, perdóneme». Hombres con el valor de decir: «Necesito de usted». Que no tuvieran miedo de decir: «Estoy sufriendo, necesito ayuda».

Jesús no se avergonzaba de sus sentimientos. Más de una vez lloró en público. ¿Por qué alguien tan grande como él tuvo que llorar públicamente? ¿Por qué ese orador extraordinario, que hizo hechos sobrenaturales jamás vistos, no pudo contener las lágrimas? Porque amaba ser humano y transparente. Y porque quería entrenar a sus discípulos para que se quitaran las máscaras y expusieran sus propios sentimientos.

Horas antes de ser arrestado, Jesús fue aún más lejos. Llamó a Pedro, a Jacobo y a Juan y les dijo: «Mi alma está triste hasta la muerte» (Mateo 26.38). Ellos se asustaron ante tal sinceridad. Jesús, que parecía invencible, se veía ahora angustiado, corriéndole gotas de sangre por el rostro, jadeante, profundamente abatido. Sus discípulos no entendían que se estaba preparando para ser torturado y muerto por la humanidad.

Pudo haber ocultado sus sentimientos. Pudo haber trasmitido la imagen de un héroe que no conocía el valle de las miserias emocionales.

Pudo haber evitado que esos momentos quedaran registrados en sus biografías de modo que todo el mundo se enterara. Pero no. Más bien tuvo la osadía de expresar sus sentimientos. ¿Cuántas veces necesitó usted de alguien que lo oyera, pero temió hablar? ¿Cuántas veces usted, por temor de no ser comprendido, sofocó el dolor, prefiriendo el silencio?

El Maestro de la Vida habló de su dolor a tres de sus discípulos que no tenían la más mínima posibilidad de ayudarlo. Algunas horas después, Pedro lo negaría, y Jacobo y Juan huirían despavoridos.

Jesús usó su propio dolor para crear el ambiente adecuado para enseñar a los jóvenes discípulos y al mundo entero a no avergonzarse de los sentimientos, a no ocultar los conflictos personales, a no tener vergüenza de buscar ayuda, a romper con la soledad y a jamás portarse como gigantes intocables y perfectos. ¡Ah, si Judas hubiese aprendido la lección!

¡Cuántos padres han evitado llorar delante de los hijos! Sin embargo, llorar y soñar delante de los ellos es más importante que entregarles el mundo en bandeja de plata. En psiquiatría, el llanto es visto como un gran agente de alivio.

El proyecto de Jesús no era un movimiento en torno de otra religión. Era un proyecto que, pasando por encima de cualesquiera religiones, comprendía a toda la humanidad. Su corazón era ardiente y abierto para abarcar a todos, pues su plan era alcanzar a cada ser humano independientemente de su color, raza, cultura, religión o condición financiera.

El Maestro de la Vida quería mostrar que existir, pensar, sentir y tener consciencia de sí mismo era una experiencia fascinante y única. Quería producir personas saludables, felices, satisfechas, serenas. Jamás deseó que sus discípulos fueran gigantes o semidioses. Anhelaba formar hombres libres que, a su vez, formaran personas libres.

Si sus discípulos hubiesen llegado a conquistar millones de oyentes sin preocuparse de atender a sus conflictos o de poder hablar de ellos mismos, habrían estado actuando una obra teatral. Por fuera sonriendo, pero por dentro ocultando sus dolores, sus miedos y sus fracasos.

Me gustaría proponerles algo, estimados amigos lectores.

El entrenamiento de Jesús incluía reuniones constantes y libres. Con esta estrategia, sus discípulos aprendieron el arte de dialogar y perdieron el miedo de hablar de ellos mismos. Alrededor de una mesa, en la última cena, él pronunció algunas de sus más brillantes palabras y sus discípulos hablaron de muchos de sus problemas.

Independientemente de su religión, filosofía de vida, cultura, status, los lectores interesados podrían reunirse para estudiar la humanidad de Jesucristo. A esa reunión se le llamaría Programa de Calidad de Vida.

Puede tener una duración preestablecida, o no. Lo ideal sería tres meses con una reunión semanal de una hora y media. Las lecciones podrían tratar del estrés, protección de las emociones, contemplación de lo bello, control de los pensamientos. Se podrían escoger determinados capítulos de los libros *Análisis de la Inteligencia de Cristo* y transformarlos en lecciones.

En cada reunión serían leídos textos durante veinte o treinta minutos, seguidos de debates entre los miembros, como hacía el Maestro de los Maestros después de contar sus parábolas. Cada grupo podría tener un líder, no para controlar a los otros sino para estimularlos a discutir el tema leído y hablar de sus dificultades. Lo ideal es que cada grupo tenga no más de catorce personas, para que todas dispongan de tiempo y libertad para hablar. El grupo más cercano a Jesús estaba constituido por trece personas, los doce discípulos y él.

Cada participante en el Programa de Calidad de Vida debería volverse un multiplicador, organizando otros grupos en su condominio, barrio, grupo religioso, escuela, empresa. El objetivo principal de esos grupos no sería divulgar una ideología, sino crear un espacio terapéutico donde las personas pudieran ayudarse mutuamente. Aprenderían a hablar de ellas mismas previniendo trastornos psíquicos, protegiendo la emoción, gobernando los pensamientos; en fin, desarrollando la calidad de vida. Un hombro amigo para confortar y oídos preparados para oír evitarían muchos sufrimientos y suicidios.

Aunque el grupo pudiera estar compuesto por miembros de una misma fe, no deberían tornarla pública en las reuniones. Sueño con el día cuando las personas, tanto las que no tienen una religión como las que sí la tienen apaguen el televisor y se reúnan para intercambiar experiencias. Sueño con las escuelas donde haya programas de calidad de vida.

El diálogo está muriendo. Las personas solo consiguen hablar de ellas cuando están ante de un psicólogo o un psiquiatra, lo que es inaceptable. El modelo de construcción de las relaciones sociales producido por el Maestro de la Vida es brillante. Mientras las personas no aprendan a hablar de ellas y a ser los autores de su propia historia, la industria de antidepresivos y tranquilizantes será la más poderosa del siglo XXI. Y eso ya está sucediendo.

¿Quedaremos observando pasivamente a la sociedad enfermarse sin hacer nada? Es más fácil quedar paralizados, pero los que se deciden a actuar y a asumir riesgos para cambiar algo son los que hacen la diferencia.

Entrenándolos para trabajar en equipo

Jesús escogió personas impulsivas, intolerantes e individualistas para formar el mejor equipo de trabajo. Para trabajar en equipo, es necesario solucionar las disputas internas, los celos, las envidias, la prepotencia, la necesidad de sentirse más que los otros.

En el desarrollo de la personalidad el individualismo surge en forma natural. No es necesario esforzarse o recibir la influencia de alguien para ser individualistas y egoístas. Pero para trabajar en equipo, para cooperar superando las diferencias se necesita un aprendizaje complejo. En África, bellísimos países se destruyen por falta de ese aprendizaje. Tribus se pelean y se matan porque no saben trabajar en equipo. No saben darse, comprenderse y aceptar pérdidas para alcanzar un objetivo.

Los que quieren ser estrellas siempre brillarán solos. Trabajar en equipo implica dejar que los demás también brillen.

Algo que es fundamental para trabajar en equipo es aprender a ponerse en el lugar de los otros y ver el mundo por sus ojos. Muchos profesores no ven los conflictos de sus alumnos, muchos padres desconocen los dramas que sus hijos están viviendo. Solo se dan cuenta en situaciones extremas, cuando algunos intentan suicidarse o caen en el mundo de la drogadicción. Vivimos en una sociedad que escucha muchos tipos de sonidos, pero no penetra en el secreto de los corazones.

Si de hoy en adelante usted se interesa por jóvenes agresivos o por jóvenes tímidos, y se pregunta qué pasa en la intimidad de ellos, estará amando a personas que no se sienten amadas y escuchando a personas que se sienten aisladas. Y por su interés por ellas es posible que evite suicidios y violencias. Por el solo hecho de sentirse acogidas, estas personas comenzarán a ver sus problemas de forma distinta. Ese es uno de los secretos del éxito de una psicoterapia eficiente. El paciente se calma y escucha.

Raramente padres e hijos hablan sobre sus sueños y sus frustraciones. Oír no es escuchar. Oír es entregarse. Quien nunca desarrolló una buena capacidad de oír será portador de una sociabilidad enfermiza. Hará juzgamientos preconcebidos, no sabrá oír o decir «no».

Los jóvenes discípulos de Jesús tenían gran dificultad para relacionarse. Mientras escuchaban palabras elocuentes acerca del amor, insistían en ser individualistas y egocéntricos.

Jesús, deseando que los discípulos aprendieran a colaborar unos con otros, los preparó para, en grupos de dos, anunciarles su plan transcendental. Les dijo que tendrían que salir sin su apoyo, sin un manual de conducta, sin itinerario, sin provisión de alimentos, sin dinero para eventuales necesidades. Tendrían que depender el uno del otro, de las personas contactadas y de Dios. Pero, sobre todo, de los entrenamientos llevados a cabo por Jesús y registrados como bellísimas semillas en los suelos de su ser. Aprensivos, se fueron con lo que llevaban puesto. ¡Qué entrenamiento el que recibieron! ¡Qué valor el de ellos!

Los discípulos debían entrar en las casas, cambiar sus paradigmas y hablar de un reino invisible a los ojos humanos. Tendrían que vender sueños a un pueblo hambriento y sufrido. Vender aquello en que creían, pero que no habían visto. Nada es tan difícil como hacer eso. Si las personas tienen dificultad para recibir lo que ven, cuánto más lo que no se ve.

Al principio claudicaron. Su egoísmo los hacía vacilar; sin embargo, para tener éxito, cada dupla tendría que charlar, aprender a conocerse los sentimientos de cada uno, trazar caminos. Tendrían que aprender a combatir juntos los rechazos y las críticas. Cuando tal cosa ocurriera, deberían saber reaccionar para cambiar las actitudes de la gente de negativas en positivas. Recuérdese que ellos eran, en su mayoría, pescadores sencillos que ahora necesitaban desarrollar una oratoria cautivante que les permitiera llegar al corazón de las personas, a lo profundo de sus almas. ¿Cómo iniciar el contacto? ¿Cómo fascinarlas?

El resultado fue maravilloso. Jesús se alegró mucho. Los discípulos trabajaron inconscientemente su individualismo, su rigidez y su dificultad para interactuar socialmente. Eso les capacitó para conquistar a las personas, comprender sus angustias, llevarles esperanza en el caos, paz en medio de las tormentas de la vida.

Entrenándolos para superar la compulsión por el poder y promover el amor incondicional

A pesar del excelente resultado de este y de otros laboratorios, los discípulos aún conservaban la ambición enfermiza por el poder, disputándose quién habría de ser el mayor de entre ellos.

La ambición es un virus que jamás muere, solo se adormece.

Al final de su misión en la tierra, Jesús sabía que ellos podrían tener graves problemas de convivencia si no administraban sabiamente la ambición.

En lugar de sofocar la ambición de sus seguidores, Jesús la encendió, cambiando, sin embargo, el patrón. Era posible que uno llegara a ser mayor que otro. Pero, el que quisiera ser el mayor debía aprender a ser el menor entre todos. Quien tuviera la ambición de ser el más grande en su reino, debía ser capaz de hacerse pequeño. Con esas palabras, él avaló la inteligencia de los discípulos, invirtiendo los valores cristalizados en sus mentes. ¿Quién estableció en la historia tal patrón para formar una casta de líderes? Frecuentemente, los líderes quieren que el mundo gire en torno de ellos. Jamás se imaginan como servidores de otros.

En las instituciones humanas, los líderes frecuentemente disfrutan del privilegio de ser servidos. En el entrenamiento del Maestro de los Maestros, los líderes deben disfrutar del privilegio de servir. Aunque sin duda hay excepciones, los grandes despojan a los menores para gozar solo ellos de las regalías. En el reino del Maestro de los Maestros, los grandes se ponen a servicio de los más pequeños.

Para Jesús, el que explota a su prójimo no tiene la más mínima noción de la vida que palpita dentro de cada ser humano. Quien explota al otro es un niño que aún no ha llegado a comprender la dimensión de la vida; que no se da cuenta que un día enfrentará la soledad de una tumba como cualquier miserable marginado de la sociedad. Los que pretenden ser dueños del mundo nunca fueron dueños de ellos mismos.

Muchos líderes, trátese de religiosos, políticos, jefes de departamentos de universidades o ejecutivos de empresas no están preparados para asumir el poder. El poder los seduce y los domina, por eso lo ejercen con exceso de autoridad procurando controlar a los demás. Infelizmente, el autoritarismo también existe entre los psiquiatras y psicólogos clínicos. Muchos de ellos asumen una conducta autoritaria dentro del consultorio, donde ningún paciente puede cuestionar su conducta y sus interpretaciones. Quién no es capaz de dar a los pacientes el derecho de cuestionarlos no está preparado para ejercer tan delicada función.

En el primer libro de esta colección dije que Jesús tuvo una conducta sorprendente cuando se trató de dar las últimas lecciones a sus discípulos. Por esos días, las multitudes lo seguían fascinadas. Jerusalén hervía de gente deseando tocarlo o verlo a lo menos de lejos. Había quienes le atribuían un status incluso mayor que el de los emperadores romanos. Mientras en la capital de Israel miles de personas estaban listas para postrarse a sus pies, nadie imaginaba que él se estaba postrando a los pies de sus complicados discípulos. No cabía en la imaginación humana que estuviera produciendo la más fascinante universidad viva para que sus seguidores supieran qué tipo de líder él anunciaba.

Los discípulos estaban en derredor de la mesa participando de la Última Cena. De pronto, Jesús buscó agua y cogiendo una toalla, sin decir una palabra comenzó a lavarles los pies (Juan 13.2). Ellos ya lo habían decepcionado y, horas después, lo decepcionarían aún más.

La negación de Pedro heriría sus sentimientos, la traición de Judas abriría una valla en su alma y el abandono de todos los discípulos le causaría una gran frustración. Pero a pesar de tanto dolor, ahí estaba, postrado a sus pies, poniéndoles la otra mejilla. Él los amaba incondicionalmente. El amor era más fuerte que el dolor.

Aquella actitud fue como un golpe de lucidez en los sentimientos de cada uno. Cada gota de agua que se escurría por sus pies, cada costra de mugre removida y cada movimiento de la toalla producían experiencias fantásticas en el área de las emociones y en el escenario de los pensamientos de los discípulos. Tales experiencias penetraron en los archivos más enfermos de los suelos de sus memorias, reeditando las disputas internas que había entre ellos y la necesidad compulsiva de estar uno por sobre el otro. Al tiempo que las costras de mugre eran quitadas de sus pies, las del orgullo eran disueltas de sus almas. El silencio de Jesús resonaba en los rincones del inconsciente de sus discípulos.

Así, entendieron que el mayor es aquel que sirve, que el mayor es aquel que ama. Que las personas menos importantes socialmente deberían recibir una atención especial. Que los desposeídos debían tener un lugar destacado.

Después de la crucifixión, cuando reflexionaron acerca del comportamiento afectivo y desprendido de Jesús, nunca volvieron a ser los mismos. Quedó claro para ellos que Jesús estaba, verdaderamente, controlado por ese amor que no se cansaba de pregonar y enseñar. Jesús era un hombre fiel a sus palabras. Los discípulos, a pesar de haber cometido errores imperdonables, lejos de ser excluidos, fueron tratados como príncipes que merecían que se les lavara delicadamente los pies. ¿Cómo trata usted a las personas que yerran? ¿Las excluye y condena o las acoge y valora? Nos apresuramos a ofrecer nuevas oportunidades a quienes nos dan algo a cambio, pero tardos para acoger a los afligidos. A veces ni siquiera protegemos a nuestros hijos.

Las actitudes de Jesús demostraban que los discípulos debían perdonar siempre, aunque las fallas se repitieran o fueran incomprensibles. Ellos aprendieron valores que nosotros también tenemos que aprender hoy. Comprendieron que los fuertes ponen la otra mejilla y que quienes reaccionan para devolver mal por mal son los débiles; que los fuertes comprenden pero los débiles juzgan; que los fuertes aman en tanto que los débiles condenan.

Cuando un maestro es sorprendente, las palabras sobran. Nunca el silencio fue tan elocuente.

7 | Judas: antes y después del Maestro

Las etapas de desarrollo de la personalidad de Judas

Como vimos, los suelos que Jesús describió en la parábola del sembrador pueden representar cuatro etapas del desarrollo de la personalidad de un mismo individuo.

Judas tenía todas las condiciones para llegar a ser una buena tierra; uno de los grandes líderes que cambiarían la historia de la humanidad. Todos los discípulos, excepto él, comenzaron en la primera etapa. Eran un suelo al borde del camino, poseían una personalidad impermeable, inflexible, difícil de ser trabajada. Judas, por las características de su personalidad, comenzó en la segunda etapa. Su corazón emocional estaba entre piedras; por eso, al recibir las semillas plantadas por Jesús, brotaron pronto; sin embargo, las raíces eran pequeñas y débiles.

Cuando Jesús comenzó a sufrir fuerte oposición motivada por el odio de los fariseos, Judas se asustó. Hubo ocasiones en que los opositores expulsaron al Maestro de las sinagogas; en otras, lo trataron de loco, y, en otras aún, intentaron apedrearlo. Judas estaba amedrentado. Aunque el calor del fuerte sol de la oposición comenzó a quemar las débiles raíces, el entrenamiento que Jesús le daba hacía surcos en la tierra y permitía que las semillas invadieran áreas más profundas.

Fue un bello comienzo. Judas era una persona alegre y realizada. Admiraba a Jesús. Sus sermones lo inspiraban. Su poder lo fascinaba. Para él, el carpintero de Nazaret era el gran Mesías esperado durante siglos por Israel. Sus milagros, su oratoria y su inteligencia confirmaban eso. Esto permitió que venciera la prueba del calor del sol. Superó las angustias, las persecuciones, los rechazos, las críticas, la fama de loco. Creció hasta pasar a la tercera etapa, la del suelo con espinos. Su corazón parecía un jardín cuyas plantas escondían los retoños que florecerían en la más bella primavera. Pero, sin que él se diera cuenta, sutil y paralelamente crecían los espinos, representados por las ambiciones, por la fascinación de las riquezas, por las preocupaciones de la vida.

Al principio, Judas no quitaba los ojos del Maestro. A su lado, el mundo, aunque peligroso, se volvía un oasis. Pero, lentamente, fue cambiando su mirada para concentrarla dentro de él mismo. Y a partir de ese momento comenzaron a pasar por el escenario de su mente pensamientos negativos, dudas, cuestionamientos. Infelizmente él los reprimió, ocultándoselos a Jesús. Si usted quiere evitar problemas en su relación con los demás, hable con ellos. Trate las pequeñas cosas que lo perturban. Pequeñas espinas pueden provocar grandes infecciones.

Mientras Judas albergaba dudas en su mente, la ansiedad producía malezas en su alma. Como sucedía con los otros discípulos, el entrenamiento de Jesús ya no reeditaba, como en los otros discípulos, archivos secretos y enfermizos de su ser. Judas seguía siendo discreto, pero sus intereses no estaban en sintonía con los del hombre que él seguía y admiraba.

Judas tenía dos grupos de conflictos. El primero surgió durante el proceso de formación de su personalidad. Algunos de esos conflictos eran controlables; otros, controladores. Unos se manifiestan en la niñez, y otros, en la edad adulta. El problema no es si tenemos características enfermizas en nuestra personalidad, sino la forma cómo las administramos.

Judas era una persona autosuficiente y no transparente. Esas características no lo controlaban en los primeros dos años en que acompañó a Jesús. En ese periodo, aunque no entendiera algunas reacciones del Maestro, estaba convencido de que Jesús era el Mesías. Si así no hubiere sido, lo habría abandonado en los primeros meses.

Controlar nuestras características enfermizas impidiendo que se manifiesten no significa que estén superadas. Para superarlas, es necesario reescribir las bases de la memoria. Si esto no ocurre, tarde o temprano serán alimentadas para que reaparezcan en la edad adulta. La pérdida de un empleo puede hacer surgir una gran inseguridad que estaba reprimida. Una crisis de pánico puede sacar a la luz una preocupación excesiva por alguna enfermedad que estaba razonablemente controlada.

Fue lo que le sucedió a Judas. Él parecía el más equilibrado de los discípulos, pero solo mantenía bajo control sus características enfermizas. Las de los otros eran más visibles y provocaban más tumulto. Por lo tanto, eran más fáciles de ser tratadas.

No es tan fácil tratar con personas tímidas. Aunque parezcan más éticas y solícitas que la mayoría de las personas, por lo general ocultan conflictos. Hablan poco, pero piensan mucho. Como no se exponen, es difícil ayudarlas. Para ellas, la mejor forma de administrar los conflictos es ocultándolos. No tenga temor ni vergüenza de sus conflictos. Desista de ser perfecto. El Maestro de la Vida nunca exigió que sus discípulos no fallaran; pero exigió sí que perdonaran, que tuvieran compasión y amor los unos por los otros.

Es probable que Judas tuviera menos conflictos que los otros discípulos, pero era una persona que se ocultaba detrás de una apariencia ética. Sus compañeros no lo conocían, ni él mismo conocía sus problemas psíquicos.

El segundo grupo de conflictos de Judas venía de su forma de relacionarse con Jesús. Lo perturbaban especialmente las paradojas del Maestro, cuando iba contra cualquier raciocinio lógico y previsible.

El Maestro de los Maestros tenía una oratoria impresionante, pero, luego después de dejar a las multitudes extasiadas con sus ideas, buscaba el anonimato. Su poder de actuar en el mundo físico y sanar enfermedades habría dejado atónitas a la física y a la medicina moderna, pero jamás lo utilizaba para que el mundo se doblara a sus pies. Él se decía inmortal, pero anunciaba que moriría, como el más vil de los mortales, colgado en un madero. Incomodó a los líderes de Israel con su inteligencia, pero no trató de convencerlos para que adhirieran a su causa.

Difícilmente alguien tan grande despreciaría los aplausos humanos y el poder político como él lo hizo. Los ojos tristes de un leproso eran más importantes para él que tener el mundo a sus pies. La compasión por una meretriz le arrebataba el corazón más que una reunión de líderes deseando aclamarlo como rey. ¿Quién podría comprender un comportamiento así? Hasta hoy, miles de judíos admiran a Jesús, pero no lo comprenden y no lo consideran el Mesías.

Gran parte de la humanidad dice seguir sus enseñanzas, pero la mayoría no conoce esas características de su personalidad. Bajo cualquier aspecto, sea teológico, psicológico, psiquiátrico, sociológico o filosófico, es difícil comprenderlo, pero en todos ellos Jesús fue el Maestro de los Maestros.

Lo que me encanta como investigador de la psicología y de la filosofía no son los milagros fantásticos que él hizo, sino su capacidad de no olvidarse de sus propias raíces. Jesús nadó contra la corriente de la intelectualidad. La fama no lo sedujo. Contrario a la gran mayoría de las personas que se pierden en la fama, él siempre dio una atención especial a cada ser humano. En los últimos días antes de su muerte, era muy famoso. Tenía miles de cosas con qué preocuparse. Pero abandonó todo por causa de un amigo, Lázaro (Juan 11.1).

Para Judas, Jesús era incomprensible. En los primeros tiempos, el Maestro había sido fuente de alegría para él, pero después se volvió una fuente de conflictos. Una piedra en el camino de sus ambiciones.

Judas quería cambiar el mundo exterior

Judas quería que Jesús eliminara los sufrimientos de Israel, pero Jesús afirmaba que no hay noche sin tormentas, jornadas sin obstáculos, risas sin lágrimas. Para Judas, el problema de su nación era la cautividad del Imperio Romano. Para Jesús, el problema era mucho más grave, era la cautividad de la emoción, la cárcel de las zonas de conflicto que se encontraban en las bases de la memoria. El problema estaba en la esencia del ser humano.

Jesús decía, de distintas formas, que el ser humano solo sería libre si se liberaba dentro de sí mismo, si su espíritu era transformado, si la fuente de sus pensamientos era renovada, reescrita.

La decepción con Jesús creó en el ánimo de Judas un clima favorable para que crecieran los espinos. Su entusiasmo, alegría y sueños iniciales se convirtieron en preocupaciones y ansiedades desatando en su interior una verdadera lucha.

Provocaba envidia la forma en que el Maestro de los Maestros se manejaba en los terrenos de la sociopolítica. Marx tendría mucho que aprender de él. Jesús sabía que solamente un cambio de adentro hacia afuera puede ser revolucionario. Que solamente el cambio en los suelos conscientes e inconscientes puede producir el más bello florecer de la ética, de la solidaridad, del respeto por los derechos humanos y, principalmente, de un amor mutuo.

Por muchos años me he preguntado por qué un discípulo íntimo de Jesús lo traicionó. Jesús era seguro y honesto; nadie exhalaba tanta dulzura, gentileza y serenidad. En las poquísimas veces cuando se enojó no agredió a las personas sino al sistema hipócrita en el que vivían.

¿Cómo Judas pudo traicionarlo? En realidad, a Judas lo controlaron sus propios conflictos. Antes de traicionar a Jesús externamente, ya había traicionado la imagen de Jesús que había construido dentro de sí. Esa imagen no encajaba con la imagen del salvador de Israel que él se había hecho desde el principio.

Miles de pensamientos dominaban el escenario de la mente de ese joven discípulo. Se había identificado con alguien a quien no lograba entender. Creo que aunque Judas jamás dejó de admirar a Jesús, nunca llegó a amarlo.

Las lecciones de la escuela de la vida de Jesús ayudaron a Judas a desarrollar su personalidad, pero no lograron hacer que lo amara. Amar es el ejercicio más noble del libre albedrío. Nadie controla la energía del amor aunque sí es posible orientarla u obstruirla. Judas tenía que decidirse a amar a Jesús. Por lo general, la obstrucción del amor la producen las frustraciones y las desilusiones. Si Judas hubiese abierto su corazón a Jesús, hubiese expuesto sus conflictos, hubiese hablado de sus amarguras, se habría convertido en un apasionado por el Maestro de la Vida.

El amor verdadero hace que la persona nunca desista de la otra, por más que esta la decepcione. Muchas parejas se separan no porque no se admiren, sino porque no consiguen hablar de sus frustraciones. Solo se dan cuenta que el matrimonio ha colapsado cuando uno de los dos pide el divorcio.

A partir de hoy procure ser transparente, abierto y franco con quienes usted ama, incluyendo a sus hijos y a sus amigos. La falta de diálogo hace que las pequeñas piedras se trasformen en montañas.

Jesús también frustraba a los demás discípulos, pero ellos lo amaban. No lo abandonaron por más problemas que tuvieran, por más incomprensible que fuera su actitud de amar a los enemigos y valorar a los que vivían al margen de la sociedad.

Judas traicionó al hijo del hombre, y no al Hijo de Dios. No creía que Jesús fuera el Mesías. Alguien que decía que moriría crucificado por salvar a la humanidad no correspondía a sus expectativas. Él esperaba a un héroe. Hasta hoy, muchos buscan al Jesús héroe. Y no lo encuentran porque les resulta difícil entender que haya alguien que desprecie el poder y ame las cosas sencillas y aparentemente despreciables.

Judas revela su corazón

Poco antes de la traición, sucedió algo impactante. La fama de Jesús se estaba volviendo incontrolable. Pero, en lugar de hacer reuniones políticas o levantar un gran escenario para nuevos y vibrantes discursos, el Maestro estaba en la casa de un hombre conocido como Simón, el leproso. Probablemente era, o había sido un personaje despreciable a cuya casa no entraba nadie. Simón estaba radiante por la decisión de Jesús de visitarle en su casa. El hombre más famoso de Israel lo distinguía con su amistad.

Para Judas, la humildad de Jesús le resultaba ya insoportable; sin embargo, entró también con los demás discípulos y otras personas. El ambiente no era el adecuado para personas ambiciosas. ¿Qué ganaría alguien por sentarse a la mesa con un hombre socialmente rechazado? Fue en esa casa donde Judas reveló, por primera vez, lo que había en su corazón.

Había una mujer llamada María. María era hermana de Lázaro. Ella amaba profundamente a Jesús y se dio cuenta más que los otros discípulos que él estaba viviendo sus últimos momentos. Era difícil creer que Jesús habría de morir. Su corazón estaba roto. Entonces, cogió lo que tenía de más valor, un vaso de alabastro conteniendo un perfume carísimo, lo rompió y ungió los pies de Jesús, enjugándolos con sus cabellos (Juan 12.6).

María deseaba que Jesús se extasiara con el perfume de su amor. Judas, sin embargo, observando la escena condenó públicamente su actitud. Era mucho dinero para ser desperdiciado. Aparentando una ética y una espiritualidad que no tenía, dijo que el perfume debió de haberse vendido y el dinero entregado a los pobres. Su reacción fue teatral y falsa, pues para entonces, ya venía robando del dinero de las ofrendas destinadas a sostener la pequeña comitiva de Jesús.

Las mujeres son más espontáneas, solícitas, gentiles, dóciles que los hombres. Ellas se donan, se entregan, protegen y se preocupan más de los demás que los hombres. Por eso, según las estadísticas de la psiquiatría, ellas se exponen más y se enferman más que los hombres. María amaba intensamente a Jesús. No pensó en ella sino en el dolor y en el sacrificio del Maestro. Por eso, hizo algo ilógico, algo que solo el amor puede explicar.

Se acordó de lo que Jesús hacía por los desvalidos. Vio a madres saliendo del caos de la tristeza hacia un oasis de alegría. A paralíticos saltando como niños, a leprosos saliendo de la burbuja de la soledad, a presos por el miedo volver a sonreír. Entonces, compró un perfume, utilizando para ello los ahorros de su vida, y lo derramó sobre los pies de Jesús. El perfume hablaría más que las palabras.

Al condenar a María, Judas parecía estar preocupado por los pobres, pero la verdad es que solo pensaba en sí mismo. Sus palabras traicionaron su corazón. Días después, habría de entregar a Jesús por treinta monedas de plata. El precio de la traición fue unas dos veces menos que el perfume de María. Era el precio de un esclavo (Mateo 26.14).

El hombre que dividió la historia fue traicionado por el precio de un esclavo. Él siempre había sido un siervo. Ahora, en su muerte, asumiría la condición que siempre quiso ser: un esclavo de la humanidad. ¿Por qué Judas lo traicionó por un precio tan bajo? Porque no planeó su traición. Su traición fue algo de última hora, una decisión tomada en medio de una gran perturbación no obstante que el conflicto venía gestándose desde hacía meses.

El clima en Jerusalén se había tornado tenso. Jesús ya no conseguía andar con libertad sin ser asediado por grandes multitudes. Los miembros del Sanedrín lo molestaban, en tanto que el gobierno colocado por Roma estaba confundido. Judas no tenía tiempo para pensar al punto que pudo haber estado listo para traicionarlo al precio que haya sido. ¿Por qué? Porque Jesús había dejado de ser el hombre de sus sueños. La frustración cerró las ventanas de su inteligencia.

Juan el Bautista tuvo que esperar tres décadas por el hombre de sus sueños. Para Judas, sin embargo, bastaron poco más de tres años para que se decepcionara. Judas buscaba a un león, pero Jesús era un cordero. Si usted hubiese vivido en aquella época y hubiese sido un seguidor de Jesús, ¿estaría decepcionado de él? De una manera u otra, todos los discípulos se decepcionaron. Para ellos, la cruz era inconcebible e incomprensible.

Muchos se decepcionaron con Cristo porque, después de seguirlo, sus problemas externos aumentaron. Otros tantos se alejaron de Dios porque sus oraciones no fueron contestadas en el momento que las hicieron ni de la forma que deseaban.

El análisis de las biografías de Jesús demuestra que quien busca a Dios a cambio de algo concreto, puede frustrarse. Quien lo busca por lo que Él es, encuentra paz, pues alcanza seguridad en medio del miedo, fuerza en la debilidad, consuelo en las lágrimas, descanso en las pérdidas.

Judas pretendía traicionarlo y Jesús pretendía conquistarlo

Jesús tuvo la osadía de confiar a Judas la bolsa de las donaciones. ¿Por qué? Porque deseaba que Judas reviviera su historia mientras cuidaba de las finanzas del grupo. El Maestro nunca pidió a la gente cuenta por los errores que cometieron. Nunca exigió a las meretrices que le hicieran una relación de quiénes y cuántos hombres se habían acostado con ellas. A Judas jamás lo acusó de ladrón.

Jesús no temía perder el dinero robado por Judas. Temía perder al propio Judas. Sabía que quien es deshonesto se roba a sí mismo; se roba su propia tranquilidad, su serenidad, el amor por la vida. El corazón de Judas estaba enfermo. No amaba a Jesús ni se amaba a sí mismo. Los trastornos de personalidad de Judas, tipificados por los espinos, eran su gran prueba.

El hombre más enfermo no es el que tiene la peor enfermedad, sino el que no reconoce que está enfermo. El mayor error de Judas no fue la traición, sino el no ser capaz de reconocer sus propias limitaciones, en no aprender con el Maestro que los mayores problemas humanos están en la caja de secretos de la personalidad.

La actitud de Jesús deja intrigadas a la psiquiatría y la psicología. En la Última Cena, Jesús anunció su muerte y dijo, con el corazón roto, que uno de los discípulos lo traicionaría. Todos deseaban saber el nombre del traidor. Pero Jesús no exponía públicamente los errores de las personas. Ellos insistieron. Entonces Jesús dio un pedazo de pan a su traidor. Nadie se dio cuenta de lo que estaba sucediendo, solo Judas. Jesús lo miró y le dijo: «Lo que tienes que hacer, hazlo pronto» (Juan 13.27).

Él pudo reprender, vociferar, criticar duramente al traidor, pero en lugar de eso le ofreció un trozo de pan. ¿Quién, en la historia del hombre, tuvo una actitud semejante? La mayoría de la gente elimina a los que se les oponen. Pero Jesús no lo hizo así; más bien le ofreció a Judas la otra mejilla. Jesús amaba a sus enemigos.

En el caso de Judas, lo que temía no era ser traicionado por él sino perderlo. Judas salió del escenario. Su mente estaba bloqueada. Su emoción tensa y angustiada le impedía pensar. Las computadoras no tienen el fantástico mundo de la emoción, por eso son libres para abrir sus archivos. Por ser incomparablemente más complejo, el ser humano no tiene esa libertad. La emoción determina el grado de apertura de los archivos existenciales. La emoción nos liberta o nos encarcela. Las personas más lúcidas, incluyendo a los intelectuales, reaccionan como niños bajo el calor del estrés.

Hacía meses que la emoción de Judas había obstruido los principales archivos de su memoria, impidiendo la construcción de cadenas de pensamientos inteligentes. Judas ya no era más libre en su mente. Los entrenamientos de Jesús ya no producían el mismo impacto. Interpretaba gestos y palabras del Maestro con grandes distorsiones.

El Sanedrín prefería no arrestar a Jesús públicamente. El temor a una sublevación de la gente era grande. Con la aparición de Judas, sin embargo, se encendió una luz. Podrían arrestarlo en un lugar aislado. Y una vez arrestado, sería posible montar un juicio rápido sin que el pueblo se diera cuenta de lo que estaba ocurriendo. Era una oportunidad única.

En el momento de la traición, Jesús volvió a demostrar que estaba buscando reconquistar a Judas, dándole otra oportunidad para repensar su actitud. Judas vino al frente del pelotón de soldados y lo besó. Jesús se dejó besar. Aunque confundido, Judas reconoció a su Maestro. Bastaba un beso para identificarlo. Sabía que no sería reprendido. Como comenté en otros textos de esta colección, Jesús tuvo una actitud única. Miró al traidor y lo llamó amigo (Mateo 26.50).

El Maestro de los Maestros golpeó el corazón de Judas con su amor. Jamás alguien amó tanto, aceptó tanto, creyó tanto, dio tantas oportunidades a personas que solo merecían el desprecio. Judas no esperaba ese golpe. Salió del escenario perplejo.

Las personas que hicieron guerras defendiendo el cristianismo, como en las Cruzadas, las hicieron en el nombre de un Cristo imaginario, irreal. El Cristo real fue el que amó a su traidor. El Cristo real fue el que hizo locuras de amor por cada ser humano. Fue el que tuvo el coraje de olvidar su dolor para pensar en el dolor del otro, aunque el otro fuera un verdugo.

Si Jesús llamó a su traidor amigo, ¿quién podría decepcionarlo? ¡Nadie! ¿Qué error necesita cometer una persona contra él para hacerlo desistir de ella? Ninguno. La personalidad del Maestro va de tal forma en contra de nuestra lógica que jamás podría ser una obra de ficción. Jesús no cabe en la imaginación humana.

Muriendo por todos los traidores

En las fiestas religiosas de mi niñez vi a personas construir muñecos de Judas y golpearlos. A los ojos de esas personas que se decían cristianas, Judas debía ser golpeado y herido. Pero, a los ojos de Jesús, Judas debía ser acogido y amparado.

El significado de la muerte de Jesús está envuelto en un manto de misterio que perturba a la ciencia. Según el propio Jesús, él estaba cumpliendo delante de Dios con cada uno de los códigos jurídicos y éticos a favor de todos los seres humanos Las deudas para con Dios serían eliminadas con su sacrificio. Él murió por todos los que fallan, niegan, traicionan.

En todos estos años, atendiendo pacientes en la consulta de psiquiatría y pesquisando los secretos de la mente humana, descubrí que todos nosotros tenemos un poco de Judas. ¿Quién podría asegurar que no es un traidor? Usted puede no haber traicionado a nadie, pero difícilmente no se traicionó a usted mismo. ¿Cuántas veces ha dicho que sería una persona paciente, pero una pequeña ofensa o contrariedad bloqueó su inteligencia y lo llevó a la ira? Usted traicionó su intención. ¿Cuántas veces, después de un acto de infidelidad, prometió que eso no se repetiría, pero terminó hiriendo otra vez a las personas que más amaba? Usted traicionó su promesa. ¿Cuántas veces dijo que no llevaría sus problemas a la cama, pero terminó haciendo de ella una plaza de guerra? Usted traicionó su sueño. ¿Cuántas veces prometió que sonreiría más, sería más bienhumorado, liviano y libre, pero sus promesas no resistieron al calor de los problemas? Usted traicionó a su calidad de vida. Yo mismo me he traicionado más de una vez. Es fácil ser verdugo de uno mismo. ¡Cuántos de nuestros sueños fueron abandonados! Traicionamos nuestros sueños de la niñez y de la juventud. Prometemos luchar por nuestros ideales, dar un sentido noble a nuestra vida, valorar las cosas esenciales, pero gastamos una energía descomunal en cosas ordinarias. Raramente rompemos la rigidez de nuestra agenda para hacer algo que nos dé placer, nos relaje y nos encante. Sufrimos por problemas que no ocurrieron, nos preocupamos demasiado por las críticas de los demás, hacemos de cosas insignificantes un conflicto. Somos unos traidores. El Maestro de la Vida estaba muriendo también por todos nosotros.

¿Cuántas veces juzgamos a nuestros hijos, amigos, compañeros de trabajo, sin percibir que lo que nos ofrecen es lo máximo que han conseguido en aquel momento? ¿Cuántas veces no logramos entender que las personas están pidiendo ayuda y comprensión con sus comportamientos grotescos? En lugar de entenderlos y ayudarles, les tiramos piedras. ¡Cuántas veces exigimos de las personas lo que ellas no están en capacidad de dar! Somos punitivos y auto punitivos. No tenemos compasión de los demás ni de nosotros mismos.

¿Cuántas veces traicionamos a Dios? No lo vemos ni lo tocamos físicamente y por eso es muy fácil traicionarlo. Unos cambian a Dios por grandes sumas de dinero; otros, por una cantidad menor que la de Judas. Unos le voltean la espalda cuando alcanzan el éxito; otros lo niegan cuando fracasan, culpándolo por lo que Él nunca hizo.

¿Cuántas veces vendemos las semillas de Jesús, sus carísimas palabras, por un precio menor que el de una mercancía en la feria? El amor, la tolerancia, el perdón, la hospitalidad, el afecto, la comprensión, la capacidad de darse sin esperar nada a cambio, la capacidad de pensar antes de reaccionar son todas semillas universales que representan el ápice de las aspiraciones humanas. Están en el tope de lo que esperan alcanzar los hechiceros de las tribus indígenas, los líderes de las tribus africanas, los que difunden las enseñanzas de Confucio, de los pensamientos de Buda y de las mejores ideas de los filósofos.

A pesar de Jesús haber sintetizado los deseos fundamentales de todos los pueblos de todos los tiempos, muchas veces despreciamos su historia, así como lo hizo Judas. No analizamos sus palabras con la profundidad que se merecen.

Todos sabemos que un día moriremos, que la vida es efímera. En un momento somos niños; en el otro, ancianos. Pero vivimos como si fuéramos inmortales. Posponemos la búsqueda de la sabiduría. Preguntamos: «Dios: ¿quién es usted? ¿Es usted real?» Tomamos el mejor antibiótico cuando estamos enfermos, buscamos el mejor mecánico para arreglar el motor del auto, controlamos cuidadosamente el saldo de la cuenta bancaria, pero no nos preocupamos en desarrollar nuestra inteligencia espiritual, en buscar a Dios de forma inteligente.

La mayoría de nosotros estábamos, de alguna forma, siendo representada por Judas. Jesús moría por todos los que mancharon la propia historia con algún tipo de traición. Judas lo traicionó y Jesús lo perdonó. Pero surgió un gran problema: ¿Sería Judas capaz de perdonarse?

El suicidio de Judas

Jesús quería proteger los sentimientos de Judas cuando lo llamó amigo. Le preocupaba su sentido de culpa. Sabía que el discípulo se iba a torturar. Nada tortura tanto a una persona como el peso de su conciencia. Nada perturba más que sentirse indigno de seguir viviendo. La crítica de los demás tal vez sea soportable, pero nuestro auto castigo puede ser intolerable.

En los momentos difíciles, el Maestro era un hombre seguro y equilibrado. Su amor por Judas no cabe en la imaginación humana. Sabía que Judas no era un psicópata que hiere y mata sin sensibilizarse con el dolor de la víctima ni alguien que pudiera vivir sin un sentimiento de culpa. Pablo, el discípulo tardío, tenía una agresividad y una violencia mucho mayores que las del traidor. Judas erraba mucho, pero era un hombre sensible. El sentimiento de culpa por la traición sería la mayor prueba de su vida.

Si Judas hubiese quitado los espinos habría encontrado el perdón y el amor de Jesús y seguramente habría sido uno de los principales personajes entre los más ilustres cristianos del primer siglo. Vio a Jesús ser arrestado por su causa sin defenderse, mostrando serenidad en un momento de inmensa agitación. Todos estaban bajo fuerte tensión: Judas, la escolta y los discípulos. Solamente Jesús controlaba sus emociones. Solo él tenía control sobre sus impulsos.

Pero al no hacerlo y, en cambio, alejarse, se puso a reflexionar sobre el comportamiento de Jesús; entonces comenzó a angustiarse. Se dio cuenta que había traicionado sangre inocente; que había traicionado al más inocente de todos los hombres. Una angustia dramática penetró en el territorio de sus emociones, bloqueando los principales archivos de su memoria. No lograba pensar adecuadamente. No podía encontrar en los archivos bloqueados las semillas de perdón, amor y comprensión que Jesús había sembrado. Necesitaba recordar la parábola del hijo pródigo, las palabras del Sermón del Monte, las palabras en el momento de la traición, pero los fenómenos que construyen cadenas de pensamientos se apoyaron en las bases enfermas de su memoria. Y la culpa lo controló.

¿Cuántos, en este exacto momento en que usted está leyendo este libro, se están torturando por el sentimiento de culpa? Se creen indignos de seguir viviendo, de existir. Una dosis suave de sentimiento de culpa puede generar una reflexión y cambio de ruta. Pero una dosis alta es capaz de producir autodestrucción.

Judas no soportó. Pensó en la muerte. Pensó en que en la tierra no había lugar para un traidor, sobre todo para el traidor del Maestro de los Maestros. Nadie lo comprendería; no soportaría vivir con su error. ¡Qué engaño! Si hubiese usado para reconocer el error y arrepentirse el mismo arrojo que tuvo para traicionar, habría podido corregir su trayectoria y brillar. Ya no le habría sido posible cambiar el destino de Jesús, pues él moriría de cualquier manera, pero sí habría podido cambiar su propio destino.

Cuando el mundo nos abandona, la soledad es soportable, pero cuando nosotros nos abandonamos, la soledad es casi insuperable. Nunca debemos auto abandonarnos. Judas lo hizo. No se perdonó. Desistió de sí mismo. Se suicidó. Pero, ¿querría él quitarse la vida? ¡No!

Nadie que piensa en el suicidio o en prácticas suicidas está pensando en terminar con la vida, sino en matar el dolor que hiere su alma. En varios de mis libros he venido comentando que, en psiquiatría, el concepto de suicidio está errado. Quien piensa en suicidio tiene sed y hambre por vivir. Un pensamiento sobre la muerte es siempre una manifestación de vida, es la vida pensando en la muerte.

La consciencia no consigue pensar en la inconsciencia absoluta. La consciencia no alcanza, por medio del mundo de las ideas, la nada existencial. Ningún ser humano piensa en poner fin a la vida cuando atenta contra ella. Lo que él desea es poner fin al sentimiento de culpa, a la soledad, a la ansiedad, a la depresión que lo agobia.

Hace pocos días una joven que intentó suicidarse me buscó para hablar conmigo. Me dijo que durante años había pensado en la muerte.

¿El motivo? La incomprensión de sus padres, que no lograban entrar en su mundo. Pagaban la escuela, le daban ropa y dinero, le exigían mucho, pero no la conocían. Mientras ella trataba de hablarles de sus sueños, sus dolores y sus crisis, los padres solo eran capaces de reprenderla por sus errores, censurándola constantemente. Así es que intentó el suicidio mediante la ingesta de pastillas. Quería que, muerta, los demás pensaran en ella.

Mantuve con esta joven un diálogo serio y honesto. Le dije que nadie ni nada tenía derecho de destruir su vida; que matarse era la actitud más frágil ante los obstáculos de la vida; que nada es tan indigno como quitarse la vida; que debía usar su dolor no para destruirse, sino para hacerse más fuerte. Y le aseguré que, en lugar de querer morir, ella tenía hambre por vivir. Como muchos pacientes, esa joven dio un salto emocional. La sonrisa regresó a su rostro en la primera consulta.

La persona que se suicida provoca cicatrices en el alma de los que la aman. Es posible superar la más larga noche y transformarla en el más bello amanecer. No hay lágrima que no pueda ser estancada, herida que no pueda ser cerrada, pérdida que no pueda ser reparada y culpa que no pueda ser superada. Los que superan sus traumas y errores se vuelven bellos y sabios.

Aprenda a perdonarse. No tenga miedo del dolor. Jamás se olvide de las semillas del Maestro de la Vida.

8 | Pedro: antes y después del Maestro - el proceso de transformación

La transformación de la personalidad de Pedro

El corazón psicológico de Pedro podía ser comparado al suelo al borde del camino. Era rudo, compactado, inflexible y sin mucha cultura académica. Era impetuoso, iracundo, estresado y experto en reaccionar antes de pensar. Pero, al contrario de Judas, era sencillo y transparente. No disimulaba sus comportamientos. Decía lo que pensaba.

Su mente era un libro abierto. Su emoción, inestable, pero sincera. Era fácil descubrir qué estaba por detrás de sus intenciones. Pedro frecuentemente atropellaba a Jesús. Decía cosas sin su permiso. Lo ponía en situaciones difíciles, pero sus reacciones estaban cargadas de ingenuidad y no de maldad. Con frecuencia, repetía los mismos errores porque no sabía controlarse.

Era hiperactivo. La psiquiatría necesita progresar en la comprensión de la hiperactividad. He investigado mucho ese tema.

Los niños o jóvenes hiperactivos poseen una energía fenomenal, y su mente está siempre ocupada con los pensamientos propios. Por eso son dispersivos, no piensan en las consecuencias de sus comportamientos, no recapacitan ante sus dolores, pérdidas y frustraciones y, así, repiten los mismos errores con frecuencia. Por causa del alboroto que provocan, es difícil tener paciencia con los portadores de hiperactividad, pero, si su emoción fuere educada, pueden volverse seres humanos brillantes. Pedro, como todo joven hiperactivo, era víctima del gatillo de la memoria, que es un fenómeno inconsciente que abre en milésimas de segundo los primeros archivos delante de un estímulo. El gatillo de la memoria produce respuestas inmediatas que deben ser controladas. Pero las personas hiperactivas, en lugar de gobernarlas, las exteriorizan. Cuando lo ofendían, Pedro debatía sin analizar. Cuando lo cuestionaban, la respuesta la tenía en la punta de la lengua sin grandes reflexiones.

Era tan rápido que no dudó en decir que jamás negaría a Cristo. Su impulsividad no lo dejó pensar dos veces antes de cortar la oreja de un soldado que iba en el grupo que arrestaría a Jesús. No analizó que había una gran escolta y que su reacción podía provocar consecuencias imprevisibles.

Pedro parecía un hombre de extremada valentía pero como no recapacitaba, no conocía sus límites. Cortó la oreja del soldado porque se apoyaba en la grandeza de Jesús. Pero cuando Jesús dejó de realizar los hechos sobrenaturales y prefirió el silencio, la fuerza de Pedro se evaporó al calor de las dificultades.

De los que caminaron con Jesús, nadie erró tanto como Pedro. No obstante, había en él una calidad que siempre ha existido en los grandes hombres. No tenía miedo de errar, de llorar, de entregarse por entero a aquello en que creía, de arriesgar para conquistar sus sueños. Era rápido para errar y rápido para arrepentirse y regresar al camino.

Descubriendo el secreto de aprender

Pedro no era un intelectual ni un hombre de mucho conocimiento pero tenía una característica que es típica de los grandes pensadores:

poseía una eximia capacidad de observación. Muchos universitarios no poseen esa capacidad y por eso son meros repetidores de información. Entre los científicos, quien no desarrolla la habilidad de observación no tendrá oportunidad como pensador.

Pedro miraba deslumbrado a su Maestro. Los laboratorios de Jesús provocaron una verdadera revolución en la pantalla de su personalidad. Cada vez que Jesús abrazaba a un niño y decía a sus discípulos que si ellos no eran como los niños jamás entrarían en su reino, Pedro quedaba intrigado y pensativo. Tal vez él fuera el más viejo de los discípulos, pero era el que más se ponía como un niño delante de su Maestro.

Por ser un gran observador, poco a poco fue descubriendo el secreto del arte de aprender. El secreto consistía en vaciarse de sus preconceptos y paradigmas, no temer a lo nuevo ni a explorar lo desconocido. Entendió que debía ser como un niño que se expone humildemente ante el mundo que lo rodea. Quien no consigue vaciarse de sus propias verdades, no conseguirá abrir las posibilidades de los pensamientos. Judas no supo aprender esa lección.

Cualquiera que pierda la capacidad de vaciarse y de ponerse como un niño explorador delante del desconocido se volverá estéril de nuevas ideas. ¿Ha cultivado usted esa capacidad? Hay personas que no consiguen brillar en su oficio porque piensan y reaccionan siempre de la misma forma. Sus mentes están paralizadas. Muchos no alcanzan a conquistar a sus hijos, a su cónyuge o a sus amigos porque dan siempre las mismas respuestas para los mismos problemas.

Jesús encantaba a todos porque siempre tenía respuestas nuevas. Era capaz de hablar elocuentemente sobre Dios sin mencionar la palabra «Dios». En su encuentro con la samaritana, la dejó fascinada al comentar los secretos de la felicidad, del placer inagotable. Después de oírlo, ella salió por la ciudad hablando a todos de su encuentro con Jesús.

Los que se acercaban a él quedaban impactados con su perspicacia y su capacidad de argumentación.

Jesús desafiaba la comprensión de sus discípulos, hablando por códigos, por parábolas y por señales. Para entenderlo, no era suficiente la lógica, era necesario aprender a pensar y a comprender el lenguaje de la emoción. Pedro, aunque era agresivo e impulsivo, aprendió ese nobilísimo lenguaje. No solo admiró mucho a su Maestro, sino que también lo amó intensamente. Eso hizo toda la diferencia en su vida.

Más tarde, cuando ya era un anciano, tal vez treinta años después de la muerte de Jesús, Pedro escribió su primera epístola. En ella revela la grandeza de su aprendizaje. Un pescador convertido en un gran pensador.

Sintetizando su propia historia, Pedro dijo en esa carta que debemos ser como niños que desean la verdadera leche espiritual. Pedro jamás dejó de aprender; nunca dejó de tener el corazón de un niño. Las palabras de Jesús aún estaban en el territorio de su emoción. Las semillas plantadas hacía tantos años aún daban bellos frutos, incluso en medio de las turbulencias y persecuciones que sufría. Aquella carta la escribió en 64 d.C., un año antes de que Nerón promoviera una gran persecución contra los cristianos. En una época de temor, el amor prevaleció. En una época de locura, la sabiduría floreció.

Nerón provocó un incendio en Roma y culpó a los cristianos. Quería un pretexto para eliminarlos. Fue inhumano y violento porque sabía que había una llama inagotable en el corazón de los seguidores de Jesucristo. Hombres y mujeres fueron hechos comida para leones en el Coliseo. El sufrimiento era inmenso, pero ¿quién puede destruir el amor? ¡Cuánto más eran perseguidos, los cristianos más amaban!

Un gran amigo de Jesús

Jesús tenía un cuidado especial con Pedro. Sabía que era precipitado, pero también que era sincero y franco. A pesar de su comportamiento ansioso, el Maestro confiaba en él. Quedó fascinado al ver a Jesús exponer su corazón a una persona tan limitada. Compartió sus más íntimos secretos con Pedro y los hermanos Jacobo y Juan.

Cada actitud de confianza de Jesús era parte del más excepcional entrenamiento que un maestro podría realizar para la trasformación de la personalidad de un discípulo inmaduro. Confíe en las personas difíciles. Ábrales su corazón. No desista de ellas aun cuando tenga motivos. Un día usted se sorprenderá con los resultados.

Si Pedro viviese en los días de hoy, las escuelas clásicas lo expulsarían. Crearía mucho tumulto en el salón de clase. No lograría concentrarse y registrar informaciones. Las clases sin sabor emocional no lo habrían cautivado. Sus profesores habrían preferido tenerlo a kilómetros de distancia.

En los días actuales, tal vez Pedro no tendría la posibilidad de tornarse en un gran hombre. Pero, como encontró al Maestro de los Maestros, su vida sufrió un gran cambio. Jesús invirtió fuertemente en él. Entrenó continuadamente su personalidad, le enseñó a controlar la intolerancia, a usar los errores para educar la emoción y estimular el arte de pensar. ¿El resultado? Pedro se volvió uno de los hombres más brillantes y un verdadero regalo para la historia de la humanidad.

¿Cómo le sacó beneficio Jesús a la hiperactividad y a la ansiedad de Pedro? Aprovechando las propias confusiones que su discípulo creaba. Cierta vez, cuando funcionarios al servicio de Roma le preguntaron si su Maestro pagaba impuesto, Pedro contestó que sí, sin preguntar a Jesús. El Maestro, paciente, lo envió a pescar, diciéndole que en el primer pez que pescara encontraría una moneda que serviría para pagar el impuesto.

Pedro no tenía paciencia para pescar con caña. Le gustaba la aventura en el mar. Pescar con caña era un ejercicio para su paciencia, y encontrar una moneda en la boca de un pez era un ejercicio para su fe. Parecía algo imposible. Mientras pescaba es posible que cuestionara su impulsividad y se preguntara: «¿Por qué soy tan precipitado? A la próxima vez, cierro la boca». Finalmente, pescó un pez que tenía la moneda y aprendió una gran lección: pensar antes de reaccionar. Esa lección, sin embargo, no fue suficiente aunque sí fue un buen comienzo para quien vivía bajo la ley del «ping-pong», o sea: «da un golpe y recibe otro».

Pedro falló mucho, pero se volvió un gran amigo del Maestro de la Vida. Los miserables siempre amaron más a Jesús que los que se consideraban justos. Los que fallaron y tuvieron el valor de reconocer sus fragilidades no eran puestos en segundo plano sino que más bien cultivaban una íntima relación con él. De esta manera, los últimos vinieron a ser los primeros. Y estos tuvieron el privilegio de ver la grandeza y la humildad de Cristo. Su poder y sus lágrimas.

Negando a su Maestro

Jesús habló en repetidas ocasiones de su partida. Adelantó que sería arrestado, torturado y crucificado. ¿Cómo puede alguien que desarma la mente de cualquier opositor morir de modo tan vil? ¿Cómo puede alguien que habla de la eternidad terminar la vida colgado en un madero? Para Pedro, eso parecía imposible. Pero, a medida que el fin se acercaba, el discípulo presintió que perdería a Jesús. Eso lo dejó inconsolable. No comprendía que la cruz era el deseo de su Maestro y no una fatalidad. El carpintero de la emoción esculpió el amor en el alma del pescador. El pescador aprendió a amar. Amó intensamente al carpintero y a las personas cercanas a él. Si Jesús no lo hubiera encontrado, Pedro habría sido toda su vida un pescador. Al seguirlo, pasó a ver la humanidad de Jesús de forma diferente. Para él, la vida ganó un nuevo sentido. El tedio se diluyó, la reiteración se disipó. Los problemas externos aumentaron, pero la alegría se multiplicó y la paz alcanzó niveles inimaginables.

Andar con Jesús era una aventura mayor que vivir en el mar. Diariamente había cosas nuevas. Cuando en la Última Cena Jesús insinuó su despedida, una tristeza aguda invadió a Pedro. El teatro de su mente se vio invadido por pensamientos sombríos.

Jesús caminó para el Huerto de Getsemaní y sus discípulos, inconformes, lo acompañaron. Comenté ese tema en otros textos, desde la perspectiva de Jesús; ahora necesito comentarlo desde la perspectiva de los discípulos. La mente de ellos no dejaba de pensar y de robarle energía al cerebro, produciendo un inmenso desgaste, una fatiga intensa. En pocas horas gastaron más energía que en días de trabajo fatigoso.

En Getsemaní, Jesús llevó aparte a Pedro, Jacobo y Juan. Súbitamente, el Maestro dijo algo extraño. Habló de su dramático dolor emocional y les permitió ver sus reacciones de estrés. Los ojos de los discípulos presenciaron un espectáculo único. Los capilares de Jesús se rompieron en la superficie de la piel, produciendo un sudor sanguinolento. ¿Cuántos pensamientos no habrán pasado por la mente de Pedro? ¿Jesús angustiado, sufriendo, confesando su dolor? ¡Imposible!

Mientras era testigo de la angustia del Maestro de los Maestros y de las oraciones suplicantes a su Padre, Pedro se sentía más y más perplejo (Mateo 26.37). El Maestro imbatible lloraba ante el caos. Jesús, que se había enfrentado al mundo, ¿pedía ahora a su Padre que alejara el cáliz de sí? ¿Qué cáliz era ése? ¿Qué temor era ése? En aquel momento, Pedro comenzó a negar a Jesús. No comprendía que Jesús clamara a su Padre para que alejara no el cáliz de la cruz, sino el cáliz de su mente, los pensamientos anticipatorios sobre el cáliz de la cruz que laceraban su emoción.

La fatiga emocional de Pedro aumentó aún más. Para evitar un colapso y ahorrar energía, su cerebro le produjo somnolencia. Se agotaron sus reservas. Y se durmió juntamente con Jacobo y Juan. En el momento cuando Jesús más necesitaba de su apoyo, no pudieron estar alerta.

Al ver a su Maestro arrestado, Pedro aún mostró alguna fuerza, pero ya vacilaba. El silencio de Jesús lo amedrentó. Los discípulos huyeron, Pedro lo siguió a distancia. Secretamente, se metió en el patio del Sanedrín. No se dio cuenta de que, al mismo tiempo, entraba en el patio de su emoción, caminaba por las callejuelas del miedo y vivía el más intenso entrenamiento de su personalidad.

A Jesús le hacían preguntas pero él nada contestaba. Su silencio resonaba como una cascada en el alma de Pedro. Las sesiones de golpes hiriendo el rostro del Maestro eran un espectáculo de horror. El miedo irracional es el mayor ladrón de la inteligencia. Un pequeño insecto se puede volver un monstruo, una taquicardia puede generar la falsa impresión de un infarto, un ascensor puede volverse un cubículo sin aire. El miedo trae a la luz a los fantasmas.

Pedro reaccionaba por instinto. Su cerebro clamaba para que él abandonara el escenario, pero la intensidad del miedo y del conflicto existencial que lo dominaba lo había paralizado; por eso, cuando lo acusaron de ser amigo de Jesús, él lo negó. Y cuando insistieron, él volvió a negarlo. La tercera vez fue demasiado lejos: «¡Yo no conozco a ese hombre! ¡Nunca anduve con él! ¡No tengo la más mínima idea de quién sea él!» (Mateo 26.69). Horas antes, él había jurado que moriría con Jesús, pero ahora Jesús era un desconocido para él.

En el libro el *Maestro de los Maestros* vimos que cuando Pedro lo negó por tercera vez, Jesús se olvidó del dolor y lo confortó con una mirada sublime. El carpintero y el pescador se volvieron a encontrar en una de las miradas más bellas de la historia. Jesús estaba herido y se encontraba lejos de su discípulo. No había forma de hablar con Pedro y consolarlo. Por eso, cuando no pudo recurrir a las palabras, el Maestro habló con los ojos. Y con su mirada le dijo que comprendía su fragilidad, que de ninguna forma lo olvidaría sino que lo amaría para siempre, aunque lo negara innumerables veces.

La mirada de Jesús desbloqueó la mente de Pedro y lo hizo volver en sí. En seguida salió de allí y lloró. Lloró amargamente. No había quien lo consolara. Cada lágrima era una lección de vida irrigando su capacidad de reflexionar. Él no creía en lo que había hecho. Nunca se había visto tan frágil. Jamás traicionaría sus sentimientos.

Muriendo por todos los que lo niegan

Todos nosotros estamos, de alguna forma, representados en la historia de Pedro. Jesús no solamente lo acogió a él sino que acogió también a todas las personas que son controladas por el miedo, que no conocen sus límites, que en los momentos de estrés reaccionan sin pensar.

¿Quiénes no tienen actitudes como las de Pedro? ¿Quiénes son fieles a su conciencia en todos los momentos de su propia historia? ¿Quién no es esclavo del miedo cuando está enfermo o en riesgo de muerte? ¿Quién no es preso de la ansiedad cuando es ofendido, amenazado, presionado? ¿Quién no niega sus propias convicciones ante las tempestades de la vida?

Desconfíe de las personas que no reconocen sus debilidades. Todos tenemos nuestros límites. Muchos de los que se juzgan estables y seguros no soportan situaciones imprevisibles. Una crisis financiera es capaz de robarles la tranquilidad. Un fracaso los deprime. Una crítica los lleva a reacciones intempestivas. Una enfermedad los deprime.

Pedro era impaciente pero no voluble. Su carácter era sólido. Su falta fue muy grave, pero la negación que hizo de Cristo se debió a un miedo intenso que tapó las ventanas de su inteligencia. Si hubiésemos vivido en aquel tiempo, quizás no habríamos cometido ese error, pues no habríamos tenido el valor ni para entrar a aquel patio.

Dos grandes errores y dos destinos

Las faltas que Pedro cometió no fueron menos graves que las de Judas. Judas traicionó a Jesús por treinta monedas de plata, y Pedro lo negó ante tres personas de baja posición social. Uno traicionó, otro negó. Si bien los dos errores fueron grandes y graves, generaron dos destinos diferentes.

Tanto Judas como Pedro lloraron amargamente. Los dos experimentaron un dramático sentimiento de culpa. Mientras Pedro amaba intensamente a Jesús, Judas lo admiraba inmensamente. El amor de Pedro resistió el drama de la culpa, la admiración de Judas sucumbió a él.

Pedro recordó que Jesús había dicho que lo negaría. Judas recordó que Jesús había dicho que lo traicionaría. Pedro fue alcanzado por una mirada de misericordia de Jesús. Judas tuvo un privilegio mayor, pues Jesús lo llamó amigo en el momento de la traición. Pedro comprendió la mirada de Jesús. Judas no comprendió la palabra «amigo». Judas no comprendió la compasión del Maestro. ¿El resultado?

Pedro se perdonó pero Judas se auto condenó. Cada lágrima que Pedro derramó produjo una amarga lección de vida, y cada lágrima que Judas derramó produjo un amargo sentimiento de culpa. El dolor de Pedro oxigenó su emoción, lo hizo comprender su fragilidad. El dolor de Judas sofocó su emoción y lo volvió una persona indigna.

Judas rompió relaciones con todos. Pedro no se aisló ante el dolor sino que más bien tuvo el valor de compartir su falla con sus amigos. Por eso, su negación fue comentada en los cuatro evangelios y fue objeto de innumerables charlas entre los primeros cristianos. Todos se vieron reflejados en Pedro. La historia revela a un hombre que aprendió a ser grande por ver y admitir su pequeñez. Solo los grandes hombres son capaces de esa actitud. Semanas después de la muerte de Jesús, Pedro tuvo reacciones inusitadas. Él, que había negado a Jesús delante de personas humildes, habló públicamente ante miles de personas sobre su amor por el Maestro, encendiendo ese mismo amor en la multitud (Hechos de los Apóstoles 2.14).

Después de eso, Pedro fue arrestado varias veces, pero nunca más negó a Jesús. Estuvo delante de los mismos hombres del Sanedrín que habían mandado golpear al Maestro, pero ahora fue elocuente y seguro. Los miró directamente a los ojos y les dijo que Jesús había resucitado, venciendo lo inimaginable: el caos de la muerte.

La superación de la muerte por Jesús es una noticia maravillosa que entra en la esfera de la fe, trascendiendo la investigación de la ciencia y sobrepasando el análisis propuesto por esta colección. Lo que deseo resaltar aquí es que, después de la muerte de Jesús, el Pedro tímido y amedrentado se convirtió en un hombre valiente e imbatible.

Si Pedro no hubiese negado a Jesús, tal vez no hubiese reeditado algunas áreas débiles de su personalidad. Pero, al reconocer sus limitaciones y aprender a llorar, su espíritu se llenó de un amor inexplicable. Ese amor penetró en cada área de su alma y lo trasformó poco a poco en un hombre dócil, amable, gentil, tolerante.

Las dos cartas que escribió al final de su vida reflejan su cambio. Revelan a un pensador sensible, perspicaz y afable. Pedro dice en sus escritos que debemos amarnos ardientemente con un amor genuino; que debemos despojarnos de toda envidia, maldad y falsedad. Y dijo también algo sorprendente: que Jesús estaba vivo en lo íntimo de su ser. Pero fue aún más lejos. Dijo que la dinámica de las relaciones sociales debe cambiar, que no debemos pagar mal con mal ni injuria con injuria.

La emoción de Pedro exudaba sensibilidad. Al final de su primera carta, enumera los principios que definen a un verdadero líder. Asimilando las palabras del Maestro de los Maestros, afirma que los líderes no deben controlar a las personas, ni ser gananciosos y ansiosos, sino modelos de humildad, de sobriedad y de ánimo ante las turbulencias de la vida. Y terminó como el más poético de los escritores: «Saludaos los unos a los otros con el ósculo del amor. Paz a todos vosotros que estáis en Cristo» (1 Pedro 5.14).

En su juventud, Pedro no admitía ofensas. Era difícil encontrar sensibilidad en sus actitudes. Era capaz de usar la espada si se le contrariaba. Pero el joven irritado e insensible se trasformó en el poeta de la solidaridad. Su carta más extensa la termina sin críticas ni exigencias y sin señalar defectos.

Termina despidiéndose de forma sublime, distribuyendo besos de amor a todos. ¡Cuán lejos estaba este Pedro de aquel Pedro individualista y agresivo de los tiempos en que enfrentaba el mar! Jesús revolucionó su vida.

Nunca el amor sanó tanto las heridas del alma. Nunca se supo de alguien que aprendiera tanto teniendo tan poco. El apóstol Pedro también se trasformó en un Maestro de la Vida.

9 | Juan: antes y después del Maestro - el proceso de trasformación

La trasformación de la personalidad de Juan

A Juan se le considera el más dócil de los discípulos, pero eso no corresponde a la realidad. Si bien, a lo largo de su vida se trasformó en un ser humano repleto de amor, antes de encontrarse con Jesús y durante su peregrinación con el Maestro sus emociones fluctuaban como un péndulo. Tenía momentos de dulzura alternados con reacciones de intensa agresividad. Su simplicidad se mezclaba con su intolerancia. Fue él quien propuso eliminar a los opositores.

Jesús tenía una admiración especial hacia las personas complicadas. En una ocasión declaró que había venido a los enfermos. Quería moldearles su personalidad y hacer de ellos personas pensantes. Como Pedro, Juan tenía graves defectos de personalidad. No hay indicios de que fuera hiperactivo, pero hay evidencias de que era explosivo y que no sabía reaccionar ante las contrariedades. También, semejante a Pedro, entre sus principales características se destacaban la transparencia y la sinceridad. No sabía ocultar sus sentimientos. No disfrazaba los secretos del alma.

Tenía una enorme capacidad para observar detalles. Registraba los comportamientos de Jesús en los suelos de su memoria como un fotógrafo profesional que observa luz, sombra y espacio. Desde el principio, percibió que Jesús no toleraba la agresividad. Aunque fuera víctima del gatillo de la memoria y, consecuentemente, diera respuestas rápidas y sin pensar, entendió que Jesús exigía un precio de la inteligencia. Tenía que aprender el arte de perdonar, de soportar críticas, a ser rechazado y a enfrentar las injusticias.

Juan ya había recibido algunas lecciones de su madre y de su padre. La pequeña industria de pesca que tenía Zebedeo reflejaba a un hombre de éxito; por lo tanto, Juan y su hermano Jacobo ya habían experimentado el sabor del éxito. Eran ambiciosos. En cierto momento de la trayectoria de Jesús, ambos revelaron esta característica de su personalidad. Para sorpresa del Maestro, enviaron a su madre a pedirle que en su reino uno se sentara a su derecha y el otro a su izquierda. No entendían que el reino de Jesús tenía otra dimensión, que no pertenecía a este mundo físico. Creían que Jesús asumiría el gobierno del reino de Israel. Y en ese eventual gobierno, deseaban los primeros lugares, dejando los demás para los otros discípulos.

Sorprendido, Jesús dijo que no sabían lo que estaban pidiendo. Les preguntó si serían capaces de beber el cáliz que él bebería, el cáliz de su martirio. Precipitados, ellos contestaron que sí. Probablemente pensaron que se trataba de un cáliz de vino con el que celebrarían la victoria.

Para los discípulos, resultaba difícil entender el mensaje de Jesús. El Maestro, sin embargo, revelando una paciencia especial no desistía y cuando los reprendía, lo hacía con dulzura. Poco a poco el artesano del alma iba esculpiendo una obra maestra en esos jóvenes inexpertos.

Todo buen líder estimula a sus dirigidos a hacer grandes cosas, aunque nadie desea ser superado. Todo gran maestro enseña esperando que sus discípulos se igualen a él, pero que no lo sobrepasen. El comportamiento de Jesús en esa área fue tan desinteresado que dijo que, después de su muerte, sus discípulos harían obras mayores que las que él mismo había hecho. Deseaba que Juan y los otros tuvieran la ambición más legítima y sólida: la de amar a las personas intensamente, aliviarlas y ayudarlas a comprender que para Dios son especiales, independientemente de sus fallas, de sus dificultades y de su condición social.

Juan estaba impresionado al presenciar el cuidado cariñoso de Jesús hacia las personas. El Maestro trataba a los desvalidos con la misma atención que daba a los líderes de Israel. Fue capaz de hacer callar a la multitud solo para hablar con una mujer que hacía años sufría de una hemorragia. Interrumpía comitivas y extendía las manos a los mendigos como si ellos fueran las personas más importantes del mundo. Ciegos, paralíticos, leprosos tenían su día de príncipes cuando se encontraban con el Maestro de la Vida. La humanidad de Jesús producía laboratorios que impactaban la emoción contenida de Juan.

Los fariseos decían que Jesús era un loco. Amenazaban con arrestarlo y matarlo, pero Jesús no se perturbaba y los trataba con mansedumbre. En lugar de expulsarlos, les contaba parábolas para abrir las ventanas de su inteligencia.

Juan bebía continuadamente de la sabiduría de Jesús. Las bases enfermas del inconsciente de este discípulo fueron reescritas lenta pero consistentemente. Al principio, pidió a Jesús que a los opositores los eliminara de una vez. Poner la otra mejilla no era cosa que estuviera registrada en el diccionario de su vida. ¿A los enemigos? Castigo ejemplar. Pero con el paso del tiempo se fue contagiado del amor de Jesús. Comenzó a mirar a las personas con los ojos del corazón. Las veía a través del velo de sus comportamientos. Pasó a entender que, tras una persona agresiva, falsa y arrogante había alguien que quizás tuvo una infancia infeliz. De esa forma, la intolerancia fue cediendo espacio a la gentileza; el juicio precipitado, a la comprensión; la indiferencia fue reemplazada por la sublime preocupación ante el dolor de los otros.

A mis amigos: un gran regalo

Al final de su caminar con Jesús Juan conoció la fuente de los más excelentes sentimientos. En la Última Cena, percibiendo que su Maestro estaba triste, tuvo una actitud inesperada delante de sus amigos. Reclinó la cabeza sobre el pecho de Jesús. El joven impetuoso aprendía rápidamente las lecciones de amor.

Con esa acción, Juan estaba agradeciendo en silencio todo lo que el Maestro había sido para él; revelando un amor que sobrepasa los límites de la racionalidad. Ya no podría volver al mar de Galilea, pues había aprendido a navegar en otras aguas. Como Jesús, podría enfrentar dificultades mayores que las tempestades en el mar, pero su vida solo tendría sentido si se mantenía al lado de su Maestro.

Aprendió que no es el tamaño de las tempestades lo que determina la solidez de la seguridad, sino la convicción de la protección. Jamás se sintió tan protegido como junto a su Maestro. Probablemente, por primera vez entendió que valía la pena arriesgarse para trasformar los más bellos sueños en realidad.

En su juventud, a los discípulos de Jesús les habían enseñado a competir, a luchar por sus intereses, a obtener ventaja en todo, a pensar primero en ellos y después en los demás. Pero un día conocieron a un vendedor de sueños que era, además, un excelente educador. El Maestro los puso en situaciones imprevisibles. Sacó a la luz las deficiencias de sus personalidades para transformarlas. Curó las heridas de sus almas y les vendió el sueño del amor incondicional.

Cuando terminó la cena, Jesús se retiró. La noche era fría y densa, pero algo quemaba en su interior. Sus últimas palabras habían sido elocuentes (Juan 13 al 18). No les pedía hechos heroicos ni perfección, sino solamente que permanecieran en su amor. Les dijo que la única cosa que los haría ser reconocidos como sus discípulos sería el amor de los unos por los otros. La marca de una nueva vida no era dada por las conquistas y la elocuencia de las palabras, sino por el amor entre ellos. Sin tal amor, todo lo que hiciesen sería estéril y sin vida.

Y dijo más: Dijo que no consideraba a sus discípulos como siervos, pues un siervo desconoce lo que está oculto en el pensamiento de su señor. Él los consideraba sus amigos, pues entre amigos uno sabe qué es lo que está en el corazón del otro. Jesús hizo de los jóvenes galileos sus amigos íntimos. Confirmó eso diciendo que no hay mayor amor que dar la propia vida por los amigos.

Con esas palabras, dejó un mensaje espectacular. El ápice de la relación del ser humano con Dios es la amistad. Hay quienes quieren ser siervos y esclavos de Dios, pero Dios quiere amigos, para revelarles los secretos de su corazón. Otros quieren ser súbditos del Maestro de los Maestros, pero él quiere amigos que conozcan la intimidad de su corazón. Muchos muestran reverencia a Dios, pero no saben que la mayor reverencia es volverse un amigo íntimo de él.

Después de esas palabras, Jesús les prometió algo imposible de ser observado por la investigación psicológica. Prometió enviarles un Consolador, el Espíritu Santo, que podría darles fuerza en la debilidad, seguridad en las tormentas, alegría en las penas. La ciencia se calla delante de los fenómenos que se relacionan con el Espíritu Santo, por ser una cuestión que entra en la esfera de la fe, de la experiencia personal, de la creencia individual. Solo podemos decir que, sin dudas, después de la muerte de Jesús, los jóvenes frágiles y amedrentados tuvieron un avance intelectual y emocional sin precedentes. Se volvieron valientes, intrépidos, osados. Tuvieron actitudes que nos dejan boquiabiertos: cantaban en la cárcel, se alegraban en las persecuciones y revelaban tranquilidad en el martirio. Los secretos que formaron la personalidad de los discípulos son fascinantes.

A los pies de la cruz

Jesús predijo su muerte varias veces. Habló de las etapas de su martirio sin dar mayores detalles pero sus discípulos pensaron que la crucifixión era una ficción, un cuento. No comprendieron sus palabras, pues estaban seducidos por el poder. Solamente en el momento de la Última Cena percibieron en el ambiente algo diferente. Jesús nunca se había visto más triste que cuando Juan reclinó la cabeza sobre su pecho y Pedro le prometió que moriría con él.

Pero la hora llegó y el miedo les atacó el alma. Jesús fue arrestado. Todavía no era medianoche, y fue la noche más larga y perturbadora que tuvieron. El mundo quedó pequeño para tanto miedo y tantas preguntas.

Probablemente pensaban que el Maestro escaparía, pues él siempre había escapado de problemas mayores, llegando incluso a dominar tempestades. No tenían idea de que, en el mismo momento en que se tranquilizaban pensando en su poder, por el rostro de Jesús corrían gotas de sangre. No sabían que, mientras estaban recordando sus grandes hechos, el cuerpo de Jesús estaba cubriéndose de hematomas. Pedro debe de haber llegado en la mitad de la noche. Contó a los otros que había negado a su Maestro. Y, lo peor, les dijo, era que a Jesús lo estaban golpeando. Ellos no hicieron otra cosa que mirarse. Habían enmudecido. Sin duda que aquella fue una noche de terror.

Luego que la aurora comenzó a quitar la oscuridad de la noche en Jerusalén trayendo los primeros rayos de sol, Juan salió de la casa. Animado por la valentía de María, la madre de Jesús, y la de las otras Marías que lo seguían, fue a ver de cerca lo que había sucedido. Las mujeres se apoyaron en la emoción; los discípulos, en el pensamiento.

La emoción prevaleció. Ellas salieron, y los discípulos, excepto Juan, se quedaron.

Al ver a Jesús salir escoltado por soldados de la Fortaleza Antonia, la casa de Pilatos, golpeado y casi irreconocible, Juan tuvo que haberse echado a llorar. Sus piernas quizás temblaron, su corazón desfalleció. El camino hasta el Calvario parecía interminable. Al llegar allí, presenció una escena terrible.

Los gritos de dolor de los crucificados se mezclaban con las lágrimas y el espanto de la muchedumbre. Raramente hubo tal gentío para asistir a la muerte de un condenado. Poco tiempo antes, Juan había reclinado su cabeza sobre el pecho de Jesús agradeciéndole por haber ayudado a todos los miserables y oprimidos, entre los cuales estaba él mismo. Ahora, Jesús era el más miserable de todos los hombres, pero nadie podía ayudarlo. ¡Qué contraste!

Como vimos en el *Maestro del Amor*, en la multitud había miles de personas a las que Jesús había ayudado y saciado. Eliminar a Jesús era como sacarles el corazón. Juan escuchó los gemidos de dolor de Jesús. Contempló sus músculos estremeciéndose. Lo observó clamando por aire y se desesperó. Para su espanto, Jesús lo llamó y, en un intento de consolarlo, le pidió que recibiera a María como su madre y cuidara de ella. Hablar clavado en una cruz expande los músculos del tórax y aumenta el dolor. Tal vez Juan haya querido decirle: «Por favor, Señor, no hable. No aumente su sufrimiento. Olvídese de mí». ¿Qué hombre es ése que pone a las personas en primer plano, ubicándose él en el último lugar? ¿Qué amor es ése que se olvida de su propio dolor para consolar el de los demás?

Las reacciones de Jesús en la cruz cambiarían a Juan para siempre. No sería más el mismo después de ver a Jesús morir como un manso cordero prefiriendo el silencio mientras todas sus células gritaban por misericordia. Fueron seis horas inolvidables de un Maestro Inolvidable.

En el pasado, yo pensaba que buscar a Dios era una pérdida de tiempo, una señal de debilidad humana. Hoy pienso completamente diferente. Percibo que hay un conflicto existencial dentro de cada ser humano, trátese de un religioso o un ateo, de un intelectual o un analfabeto.

La psiquiatría trata los trastornos psíquicos con antidepresivos y tranquilizantes, y la psicología, con técnicas terapéuticas. Pero estas ciencias no solucionan el vacío existencial, no dan respuesta a los misterios de la vida. ¿Quiénes somos? ¿Para dónde vamos? ¿Cuál es el verdadero sentido de la existencia? El más elevado conocimiento científico de la física, la química, la biología y las ciencias humanas aún se encuentra en la edad de la piedra para contestar a esas indagaciones.

Incursionamos cada vez más en el mundo exterior, pero la vida humana sigue siendo un misterio. Por eso, desarrollar la inteligencia espiritual no es una señal de pequeñez, sino de grandeza espiritual e intelectual. Es imposible destruir la búsqueda íntima por Dios en el ser humano, pues ella sobrepasa a cualquiera cultura.

La misma sed que un indígena tiene de saber qué hay detrás de la soledad de una tumba, habita el alma de un científico de Harvard. El mismo anhelo que existe en la emoción de un religioso por la superación del caos de la muerte, existió en el alma de Marx y Freud. El socialismo intentó de todas las formas destruir la fe de los pueblos. Hoy, en Rusia y en las demás sociedades que vivieron más de medio siglo bajo el régimen socialista hay una explosión de fe.

Recientemente, leí una entrevista de Gorvachov dónde decía: «Dios creó el mundo y no quiso gobernarlo, por eso pasó la tarea a los hombres, pero los hombres quieren gobernarlo solos». El hombre que sepultó la guerra fría, que creció a los pies del comunismo, cree en Dios.

¿Qué es la inteligencia espiritual? Es aquella inteligencia que deriva del concepto consciente o inconsciente de que «la vida humana es una gran pregunta buscando una gran respuesta». Es la inteligencia que busca el sentido de la vida, ese sentido que la persona afirma que no cree.

Inteligencia espiritual es la búsqueda, independientemente de una religión, en lo íntimo del ser, para desatar los nudos de la malla de la vida. Es la búsqueda de respuestas existenciales que la ciencia nunca respondió. Es el deseo irrefrenable por la continuidad del espectáculo de la vida cuando se cierran los ojos para siempre. Es la inteligencia que nace en el espíritu humano y construye en el teatro del alma la esperanza de los hijos de reencontrarse con los padres que partieron, y de los padres de reencontrarse con los hijos que se despidieron temprano de la vida y de los amigos para volverse a abrazar como en los viejos tiempos.

El radicalismo y la intolerancia religiosa no hacen parte de la inteligencia espiritual. El desarrollo de la inteligencia espiritual produce exteriormente la solidaridad, la fraternidad, el respeto por los derechos humanos, e interiormente la estabilidad de la emoción, el alivio de la ansiedad y la expansión del arte de pensar. Por lo tanto buscar a Dios, desear conocerlo y amarlo es una actitud muy inteligente.

El arresto de Jesús y su crucifixión sofocaron la inteligencia espiritual de las personas. Los días que siguieron a su muerte son muy difíciles de describir. Los dos primeros días fueron tiempos de amargura. Judas estaba muerto; Pedro, confundido; y los demás discípulos, deprimidos.

Jerusalén se entristeció. La multitud de visitantes que se amontonaba para ver al Maestro se fue diluyendo y retomando el camino de regreso para sus ciudades. Se les había robado su esperanza.

Un ser humano puede enfrentar millones de problemas y sobrevivir, pero no sobrevivirá si pierde la esperanza. Rescatarla es oxigenar la vida. ¿Cómo devolver la esperanza a ese pueblo sufrido? Cierta vez, el Maestro de la Vida dijo que «si el grano de trigo no muere, no da frutos, pero si muere, fructifica abundantemente». Fue lo que sucedió.

La trágica muerte de Jesús trajo una angustia indescifrable, pero los días que siguieron trajeron un júbilo inmensurable.

Un poeta del amor: escritos que exhalan sensibilidad

Juan permaneció en Jerusalén con los demás discípulos. Era un lugar tan peligroso que quizás habría sido mejor regresar a Galilea. Pero ellos se quedaron y divulgaron las buenas nuevas, la victoria de Cristo sobre la muerte y su plan trascendental que incluía los más bellos sueños que un ser humano pudiera anhelar.

Los jóvenes galileos que parecían tan ingenuos comenzaron a revelarse como grandes maestros. Las lecciones de Jesús comenzaron a mostrar resultados extraordinarios. Rápidamente se fueron convirtiendo en elocuentes oradores. Su palabra influenciaba a miles de personas. Solucionaron las disputas internas, trabajaron en equipo y lograron amar a los demás, más que a ellos mismos. Cuidaron de las necesidades materiales, psíquicas y espirituales de personas que no conocían. La vida de muchos cobró aliento. La esperanza había vuelto.

La alegría era tan intensa entre ellos que iban de casa en casa ayudándose. Cada uno se preocupaba de las necesidades del otro. Personas que antes ni siquiera se saludaban pasaron a llamarse cariñosamente «hermanos». Se rompieron las barreras culturales y sociales.

Juan estaba pescando hombres para Dios, mostrando que la vida humana tenía un significado humano mayor que comprar, vender y alcanzar un status social. Todos se admiraban de su sabiduría y la de sus amigos. Jerusalén se volvió una fiesta. Pero los hombres del Sanedrín no toleraron el movimiento ni los disturbios.

Comenzaron las persecuciones y los arrestos. Las reuniones fueron intervenidas. Algunos murieron. Juan recibió un duro golpe cuando Jacobo, su hermano, fue martirizado. Pero no desistió. Los espinos no lograron sofocar su amor por el Maestro de los Maestros. Entendió que los mejores tesoros se escondían en los sitios más inhóspitos. Vivió las palabras de Jesús y se convirtió en un gran cazador de perlas. Vendió todo lo que tenía para conquistar la mayor de ellas.

El tiempo pasó y las tribulaciones alejaron a Juan de Jerusalén. En muchos sitios por donde caminó, dio ánimo a los abatidos y aliento a los postrados. Vendía autoestima, recordaba que para Dios nadie es indigno. La sociedad podría desecharlos, pero Jesús no desechaba ni a sus verdugos. Los perdonó mientras su corazón claudicaba en la cruz.

Juan escribió uno de los cuatro evangelios, tres cartas y el libro del Apocalipsis. Sus escritos exhalan la más bella afectividad. Así, en el libro del Apocalipsis es posible percibir entre guerras y juzgamientos el más excelente perfume de la emoción. En ese enigmático libro, Jesús es nombrado más de veinte veces, no como un general o juez, sino como el «Cordero de Dios». Juan nunca se olvidó de las seis dramáticas horas de la crucifixión en las que Jesús ofreció el más grande amor por la humanidad.

El simbolismo del cordero revela una mansedumbre inolvidable. Juan terminó el libro del Apocalipsis hablando sobre el trono de Dios y del Cordero. De ese trono no sale condenación crítica ni denuncia de problemas, sino un río brillante como cristal, el río del agua de la vida. Un río que sacia la emoción humana, tranquiliza los pensamientos, irriga con sabiduría la inteligencia y vuelve a los seres humanos felices y serenos.

Juan era un anciano cuando decidió escribir los textos que hoy tenemos en las manos. Debía sentir el peso de la edad y de las persecuciones que sufriera. Sería de esperarse que su memoria estuviera cansada, que hubiera perdido los detalles de los primeros años de su andar con Jesús, pues ya había pasado cerca de medio siglo desde la muerte de su Maestro. Pero, para sorpresa nuestra, Juan describió en su evangelio a un Jesús fascinante, detallista, vibrante, cuyas palabras producían fascinación. Casi la mitad de su evangelio fue escrita basada en los hechos y eventos de los últimos días que antecedieron la crucifixión. Las palabras del Maestro aún quemaban en su espíritu y en su alma.

Sus cartas también revelan un frescor de quien preservó la primavera dentro de sí. Juan inicia su primera carta haciendo una descripción sensorial de su relación con Jesús. Describe que sus manos palparon, sus ojos vieron y contemplaron a la persona más fascinante que haya vivido en esta tierra. Era como si el día anterior hubiera caminado con su Maestro y aprendido de él las más bellas lecciones de vida.

Las semillas plantadas en el suelo de su ser florecieron y fructificaron. Por ser un hombre acostumbrado a enfrentar muchas batallas, Juan podía haber deseado descansar; sin embargo, hablar sobre el Maestro de la vida aún despertaba su pasión. El motivo por el cual escribía, según el propio Juan, era para que sus lectores tuvieran una alegría completa (Juan 17.13).

La relación de Juan con sus lectores era íntima y sin barreras. Él los llamó cariñosamente «hijitos». Su tratamiento afectivo indica una persona que tenía placer en vivir a pesar de las dificultades de la vida. En su juventud, él había sido radical e impulsivo; ahora, de él emanaban amor y comprensión.

Juan habló en contra del sistema social, llamado por él «del mundo». Dijo que ese sistema controla los pensamientos y las emociones de las personas esclavizándolas, produciendo en ellas soberbia, orgullo y comportamiento fútil. Era necesario vivir dentro del mundo, pero ser libres de su influencia. Animó a los cristianos a romper las amarras del egoísmo irracional y aprender a entregarse unos a otros, como se entregó Jesús. Dijo que quien cierra los ojos del corazón para los que sufren y tienen necesidades, no tiene el amor de Dios. El amor acerca del cual habló no era teórico. Era un amor que no imponía condiciones ni esperaba nada a cambio sino que se entregaba espontáneamente.

Para Juan, quién no ama no conoce a Dios. Una persona puede tener cultura teológica y aparente espiritualidad pero, si no ama, su vida será teatral y vacía. Para él, el verdadero amor rompe la cárcel del miedo. ¿Qué tipo de miedo? El miedo al mañana, a lo desconocido, a ser criticado, a no ser comprendido, a empobrecer, a adquirir enfermedades, a morir, a ser castigado por Dios.

Mientras el verdadero amor calma y produce paz, el miedo roba la tranquilidad. Juan fue un hombre que conoció la paz interior. Un ser humano sin paz puede ganar todo el mundo, pero permanece no conquistado dentro de sí mismo, atormentado en lo íntimo de su ser.

Juan termina su última carta pidiendo que sus lectores saluden a sus amigos nombre por nombre. El éxito no llegó a dominarlo. Para él, la historia que existe detrás del nombre de cada persona es más importante que los aplausos de la multitud. Juan vivió en las huellas de Jesús, quien, aunque asediado por las multitudes, dedicaba tiempo a las personas más humildes.

Décadas antes, el joven Juan había dejado los barcos y las redes para seguir a un vendedor de sueños sin imaginar que aquel hombre era un excelente escultor de las emociones. Al principio, parecía imposible transformar a este discípulo, por su individualismo, agresividad e intolerancia. Pero el escultor de la emoción comenzó a trabajar con él lenta y consistentemente. ¿El resultado? Juan se transformó en un poeta del amor.

10 | Pablo: la más fantástica reedición de las bases de la personalidad

El lado sombrío de la personalidad de Pablo

Pablo fue el mayor perseguidor de los cristianos pero cuando se convirtió en un seguidor de Jesucristo, fue el discípulo que pagó el precio más alto para divulgarlo. Los líderes judíos lo odiaban. Cuando estaban próximos a matarlo, los romanos lo arrestaron dándole así protección. Los judíos lo acusaron a Félix, el gobernador de Judea, de promover sediciones entre los judíos dispersos por todo el mundo y de que era el principal agitador de la secta de los nazarenos (Hechos 24.5).

Deseando asegurarse el apoyo de los judíos, Félix mantuvo a Pablo encarcelado. Dos años pasaron antes que Félix fuera reemplazado por el gobernador Festo. Luego que Festo subió de Cesarea a Jerusalén, los judíos de nuevo acusaron a Pablo de que no dejaba de trabajar desde la cárcel. Necesitaban silenciarlo para que el nombre de Jesús fuera borrado de la faz de la tierra. Después de las acusaciones, Pablo se valió de su ciudadanía romana para apelar a Cesar (Hechos 25.11), pues sabía que no tendría ninguna posibilidad de quedar en Israel. Podría ser objeto de una emboscada y morir.

Pasados algunos días, el rey Agripa fue a visitar y saludar a Festo. Como el caso de Pablo estaba teniendo gran repercusión popular y era muy delicado, Festo lo expuso al rey. Agripa se interesó por oírlo. Los comentarios acerca de Jesús de Nazaret ya habían llegado a sus oídos, por eso deseaba conocer las ideas de su ilustre divulgador.

La oratoria de Pablo era fascinante. Tal vez no lograría convencer a sus opositores pero sus palabras los perturbaban. Su honestidad era cristalina. Para defender la causa de Jesús, Pablo hizo, delante del rey Agripa, la más elocuente descripción de las características enfermizas de su propia personalidad antes de tornarse un seguidor del Maestro de los Maestros (Hechos 26.10). Nunca alguien tuvo tanta valentía para mostrar su locura pasada y revelar su sanidad actual.

Es posible que mientras hablaba, haya sentido que el corazón se le aceleraba pero no se detuvo. De todos sus escritos, ese texto es el que mejor muestra su agresividad e insensibilidad antes de su conversión.

Pablo describió cinco importantes características para definir su inhumanidad:

1. Encerró a cristianos en cárceles. Las lágrimas de hombres y mujeres no lo conmovían. Los gritos incesantes pidiendo clemencia no lo sensibilizaban.

2. Múltiples asesinatos. No solamente consintió en la muerte de Esteban (Hechos 8.1), sino también de muchos otros cristianos. Cuando los judíos trataron de ponerse de acuerdo sobre el fin que tendrían algunos cristianos, la opinión de Pablo fue que tenían que morir. Aunque en menor proporción, promovía una limpieza cultural, parecida a la que hizo el nazismo con los judíos.

3. Persecución incansable e irracional. Pablo dijo al rey Agripa que no se contentaba con arrestar a los cristianos de Jerusalén. Su furia

era tan dramática e ilógica que los perseguía de ciudad en ciudad, y hasta en sitios distantes de Jerusalén, como Damasco, en Siria. No le importaba cabalgar más de doscientos kilómetros para eliminar a los seguidores de Jesús.

4. Los castigaba públicamente como ejemplo para desanimar a nuevos posibles adeptos. Los sufrimientos de los cristianos se volvieron un espectáculo de terror.

5. Infligía sufrimientos a tal punto que hacía que algunos blasfemaran. Aquí, Pablo bajó al último nivel de la violación de los derechos humanos. Torturaba física y psicológicamente a los indefensos cristianos obligándolos a blasfemar contra Aquel a quien amaban. De esta manera violentaba las conciencias de esas personas, produciendo en ellos trastornos emocionales irreparables.

Yo habría preferido decir que Pablo no fue tan agresivo. Pero eso es imposible, pues él mismo no se protegió; sin embargo, con Jesús aprendió a no temer a su pasado y aprendió, además, el arte de la honestidad. Pedro, del mismo modo, aprendió la grandeza de ese arte. Esos hombres cambiaron el aspecto del mundo, sus hechos cruzaron generaciones e influenciaron a billones de personas. El Nuevo Testamento describe no solo sus grandes éxitos, sino también sus más grandes errores y fracasos. Lo que Pablo dijo delante del tribunal romano acerca de su propio comportamiento antes de encontrarse con Jesucristo, nos hace verlo como uno de los hombres más violentos de nuestra historia. Ningún otro discípulo tuvo, en su currículo emocional, la furia y la tortura. Su inhumanidad supera la de Judas Iscariote, la de Pedro y la de los otros seguidores de Jesús.

El más culto de los discípulos fue el más destructor de todos ellos. Eso muestra que la inteligencia lógica, caracterizada por almacenar mucha información, no es suficiente para producir las funciones más importantes de la personalidad, como la capacidad de ponerse en los zapatos del otro, la tolerancia, la afectividad, el control de los pensamientos.

El dolor, las lágrimas y la sangre de los cristianos a quienes Pablo persiguió jamás se borraron de su memoria produciendo más bien cicatrices inolvidables. En muchas de sus cartas él se refiere a ese tema. Cuando dice que era «el más pequeño» de todos los discípulos, no estaba siendo humilde, sino sincero. Él realmente se consideraba el último de los seguidores del Maestro de los Maestros, el mayor deudor de todos.

El amor que sentía por Jesús y la fe en su sacrificio lo liberaron del sentimiento de culpa aunque jamás borraron su pasado. Nunca será suficiente repetir que el pasado no se borra sino que se reescribe. Todos tenemos que convivir con nuestro pasado, aunque haya sido un desierto. El desafío es irrigar ese desierto, tratar con su aridez y transformarlo en un jardín, como hizo Pablo. Lo que jamás debemos hacer es aislarnos y rumiar la culpa, como hizo Judas.

En el camino a Damasco

La conversión de Pablo y su transformación en un seguidor de Jesús, tiene eventos que trascienden la investigación de este libro. En el mismo discurso en que describe al rey Agripa las atrocidades que cometió, Pablo habla sobre el cambio en su vida. Mientras se dirigía a Damasco para aniquilar a los cristianos, una fuerte luz lo envolvió. Atónito, cayó del caballo. Y entonces escuchó una voz que le preguntaba por qué lo perseguía. Espantado, dijo: « ¿Quién eres Señor?» La voz contestó: «Yo soy Jesús, a quien tú persigues» (Hechos 26.15).

El mundo se desmoronó sobre Pablo. Sus pensamientos lo atormentaban. Su crisis de ansiedad fue tan grande que produjo algunos síntomas psicosomáticos: quedó ciego, perdió el apetito, tuvo una anorexia reaccional. La voz prosiguió. Entre otras cosas, le dijo que su misión era convertir a las personas de las tinieblas a la luz.

Los hechos que direccionan el cambio de Pablo sobrepasan la investigación psicológica. Entran en la esfera de la fe. Es innecesario decir que Pablo no tuvo una alucinación auditiva, pues no era un psicótico. Aunque sus actitudes habían sido violentas, él sabía qué quería, tenía objetivos y dirección intelectual. Si hubiese sido una alucinación, aquello lo habría estimulado a tener más fuerza para aniquilar a los cristianos, y no para amarlos y ser altruista con ellos, como lo fue después de aquella experiencia del camino a Damasco.

A partir de entonces, Pablo empezó a cuestionar sus propias verdades, a criticar sus agresividades, a repensar sus preconceptos. Aunque difícil de entender, toda experiencia que estimula el arte de pensar no puede ser considerada un delirio sino un fenómeno inteligente.

Pablo conocía profundamente las Antiguas Escrituras. No dejaba de pensar que Jesús de Nazaret era el mayor de todos los herejes del mundo. Todo lo que se decía acerca de él debía ser extirpado. Después de pasar por la experiencia en el camino de Damasco, Pablo comenzó a reflexionar acerca de su propia vida y sus creencias. Fue una revolución interior.

Por un buen tiempo se refugió en su ciudad natal, Tarso. Miles de pensamientos lo perturbaban. Comenzó a penetrar en su mundo interior y a percibir lo irracional de su agresividad. Al mismo tiempo, como estudioso de las Antiguas Escrituras, buscó ansiosamente respuestas que pudiesen solucionar el rompecabezas que había en su mente.

Para él, el Mesías no podía ser un hombre humilde, un simple carpintero que menospreciara el trono político. No podía ser alguien que había abrazado a leprosos, pronunciado mensajes sobre el amor y la tolerancia.

Definitivamente, Pablo sentía la necesidad de repensar sus preconceptos. Por eso, reflexionó por días y meses hasta que finalmente encontró las respuestas. Y en ellas vio claramente que el Mesías comentado en los textos sagrados de los judíos correspondía al Jesús que él odiaba. Al solucionar el rompecabezas, se vio ante un dramático problema. ¿Qué hacer con las personas que había torturado? ¿Cómo reparar el error cometido contra los indefensos cristianos a quienes golpeara públicamente? ¿Cómo aliviar su conciencia de los gritos de las madres y padres separados de sus hijos?

Es casi seguro que Pablo lloró mucho y que pasó noches en claro. Se desesperó, vivió angustias y tuvo crisis depresivas mientras reflexionaba. En la carta a los corintios dice que no era digno de ser llamado apóstol, pues jamás se olvidaría de las persecuciones que promoviera contra los cristianos. Estaba siendo sincero. Su conciencia era una espina que llevaba clavada en el alma.

El mundo de Pablo se volcó boca abajo. Raramente un ser humano tuvo que repensar tanto su propia vida. Pero, poco a poco, fue encontrando consuelo para vivir. En medio de la oscuridad de la noche vio una luz fascinante. De enemigo número uno pasó a ser uno de los principales defensores de la causa del Maestro de la Vida.

La jornada con Jesús

La jornada de Pablo como discípulo estuvo llena de dificultades. Él era un joven fariseo con un futuro brillante. Todos envidiaban su rígida ética y su liderazgo. Cuando se hizo cristiano, el mundo se desmoronó sobre su seguridad. ¿Cómo elogiar delante de los líderes judíos a aquél a quien siempre había odiado? ¿Cómo explicar un cambio tan grande? Sin duda que tendría que enfrentar lo que parecía imposible.

Confesar que se había transformado en un seguidor de aquel hombre que había muerto en la cruz daría lugar a los más intensos debates. La cruz era escándalo para los judíos y locura para los griegos. Hoy, la humanidad tiene un aprecio incondicional por el Jesús crucificado. En su época, ser un seguidor de ese Jesús era ser considerado loco, insano. Era pertenecer a la basura social.

Además de dar explicaciones casi inexplicables al mundo acerca de su conversión al cristianismo, Pablo tenía que luchar con los trastornos psíquicos que eran parte de su alma. Había ahora una paz íntima conviviendo con muchos escombros emocionales e intelectuales que necesitaban ser quitados.

Él no participó de la escuela viva de Jesús. Por el hecho de no haber caminado con el Maestro de los Maestros, no vivió situaciones en las que los archivos enfermizos de la periferia de su inconsciente fueran sacados a la luz y reeditados. La arrogancia, el individualismo, la dificultad de gobernar los pensamientos, la envidia, la intolerancia y el miedo aparecieron en los otros discípulos a lo largo de la jornada con Jesús y fueron tratados. No todos, pero gran parte de los tugurios de la memoria de los discípulos fueron reurbanizados.

¿Cómo trató Pablo las bases enfermizas de su memoria? ¿Cómo reeditó su agresividad e insensibilidad? ¿Cómo trabajó su incapacidad de oír y de reaccionar sin pensar? ¿Cómo recicló su carácter preconceptuoso y autoritario? Pablo sufrió centenas de situaciones dramáticas que hicieron salir a la luz las más ocultas fragilidades.

En la carta que escribió a los creyentes de Roma tuvo el valor de decir: «Miserable hombre que soy... No hago el bien que prefiero, pero, el mal que no quiero, ese hago...». Pablo descubrió que no conseguía ser gentil, amable, puro, sereno, tranquilo y sensible como era su deseo. Deseaba incorporar a su vida las más bellas características de Jesús, pero se sentía incapaz de vivirlas.

En ese texto, habla con sutileza sobre un gran dilema de la psicología: el ser humano lidera el mundo exterior, pero no es un gran líder de sí mismo. ¿Quién consigue controlar la ansiedad? ¿Quién consigue controlar todos los pensamientos negativos? En aguas tranquilas nos mostramos excelentes conductores, pero en aguas turbulentas perdemos el control. ¿Cuántas veces fuimos coherentes en determinadas situaciones e insensatos en otras? Todos tenemos límites. Más tarde o más temprano nos sorprenderemos por nuestra debilidad.

Pablo deseaba tener una vida libre, muy diferente de la anterior. Deseaba ser fuerte, seguro y estable. Antes luchaba para eliminar a los cristianos, ahora luchaba dentro de sí mismo para ser libre. Tratarse de miserable no significa que hubiera desechado la autoestima, sino que ahora tenía conciencia de las limitaciones de su «Yo», para ser el director del itinerario del escenario de su mente.

Percibiendo el drama de esa lucha, en esas mismas cartas, camina más lejos. Mostrando un refinado conocimiento de la psicología, dice que la trasformación de la personalidad pasa por la renovación de la mente y anima a sus lectores a experimentar tal renovación.

¿Qué es renovar la mente? Es reeditar la película del consciente y del inconsciente, reescribir los archivos del rompecabezas de nuestra memoria. Pablo sabía que si no pasaba por tal transformación, no habría esperanza, y todo cambio sería superficial, fútil. Para que su alma fuera transformada, buscó desesperadamente la presencia de Dios en su propio espíritu.

Pablo era un joven preconceptuoso. Para él, Israel, su pueblo, era el mejor de la tierra. El que poseía la mejor religión, la mejor cultura y la mejor ética. Los otros pueblos eran considerados gentiles y paganos. El plan de Pablo era exterminar a los seguidores del nazareno porque deseaba purificar su religión.

Pasando por el valle de los sufrimientos

Cuando Pablo abrazó la causa de Jesucristo, se enamoró de la humanidad. Aprendió a soñar. Había odiado mucho, pero ahora amaba mucho más. Su cambio fue tan grande que puede ser comparado, en nuestros días, con la actitud de un judío radical que siempre respondió con violencia al ataque terrorista de los palestinos y que ahora los busca para besarlos. Pablo amó a libres y a esclavos, a judíos y a griegos, a ricos y a pobres.

¿Hasta qué punto se entregó a los pueblos? Totalmente, lo que le llevó a vivir innumerables dramas. Tenía todos los motivos para desistir, para olvidarse del proyecto de Jesús, pero su deseo de obedecerle era serio.

Muchas veces se sintió debilitado, pero aprendió que el poder y la fuerza se perfeccionan en la debilidad. De esa forma, se volvió sabio. Él fue una de las pocas personas en la tierra que se aprovechó de cada frustración, incomprensión, rechazo, herida física y emocional para identificar sus dolores del alma y reeditarlos. Para él, todo sufrimiento era inútil si no lo usaba para enriquecer su carácter.

El poder de Dios se perfecciona en la fragilidad humana. Esta era la bandera con la cual Pablo enfrentaba las tormentas de la vida. Dios no era una teoría lejana, a miles de años luz, sino que era el gran artesano de su personalidad. Así, el diamante en bruto obtuvo formas de rara belleza. Por buscar la presencia de Dios en momentos casi insoportables, él escribiría una nueva historia.

La psicología no entiende algunas verdades de la inteligencia espiritual. Pero es indiscutible que uno de los grandes verdugos de la historia conquistó una sublime humanidad. Su gentileza, mansedumbre, solidaridad y capacidad de perdonar son poéticas. Probablemente ninguno de nosotros haya sido tan hostil como Pablo, pero, a la misma vez, ninguno amó tanto como él. Estamos lejos de su agresividad y más lejos aún de su capacidad de amar.

En la segunda carta a los corintios, él habla de la grandeza de las lecciones por las cuales pasó, y que expusieron las bases enfermizas de su personalidad. Pablo, que persiguiera implacablemente a todos los cristianos, terminó siendo perseguido y sufrió experiencias dolorosas más frecuentes e intensas que las que había provocado.

Hizo tres largos viajes por tierras lejanas para anunciar el mensaje de Jesús. Fue arrestado varias veces. Las cárceles romanas eran depósitos humanos, lúgubres y húmedos. Pero él no se abatía, antes creía que sufrir por la causa de Jesucristo era un privilegio. Tenía razones para desesperarse pero, contrariando toda lógica, en lugar de quejarse, cantaba mientras estaba preso.

Había azotado a los cristianos en las sinagogas, pero su cuerpo fue marcado por la violencia de los azotes aplicados por los judíos. Sin embargo, nada acallaba su voz. Difícilmente alguien fue tan humillado y herido como este apóstol. En Grecia, casi lo lincharon. Allí, la gente gritaba en las calles pidiendo su muerte. Pero consideraba su vida algo muy precioso. Quería aprovechar cada minuto para hablar del Maestro del Amor. Aunque lo ultrajaron y consideraron basura del mundo, él jamás se calló. No había andado con Jesús, pero lo amó hasta las últimas consecuencias.

Cierta vez, fue apedreado y dado por muerto. Su cuerpo quedó cubierto de sangre y lacerado. Cuando se recuperó, tal vez se recordó de Esteban, apedreado y muerto con su consentimiento. En lugar de voltear las espaldas al vendedor de sueños, renovaba las fuerzas y seguía soñando.

Experimentó periodos de intensa angustia, ansiedad, desesperación. Entretanto, la muerte no lo amedrentaba. Era como si mirara a los ojos de Dios y viera un premio nuevo cada día.

A lo largo de su vida sufrió tres naufragios. Pasó una noche y un día en la furia del mar, probablemente agarrado a un trozo de madera para no hundirse. ¡Cuánto dolor! Y todo eso por causa del amor incontrolable que sentía por los demás.

Enfrentó peligros de todo tipo. Lo asaltaron y le robaron. Los judíos lo odiaban en tanto que los gentiles lo rechazaban. Hubo momentos cuando no tenía energías para seguir y pensaba que lo mejor sería abandonarlo todo; sin embargo, no desistía de los sueños de Jesús.

Desnudo, aguantó hambre y sed. Y como si las tempestades exteriores no hubiesen sido mucho, vivía una gran tormenta interior: la preocupación afectiva con todas las personas que creían en Jesús. Pocos personajes en la historia pagaron un precio tan grande por amar.

Una declaración de amor

A pesar de haber pasado por indescriptibles sufrimientos, Pablo vivió el auge de la salud psíquica. Tenía todos los motivos para ser un deprimido, un malhumorado y un ansioso, pero era alegre y sereno. Aunque en su segunda carta a los corintios contó de sus sufrimientos vergonzosos e indignos, en su primera carta hizo la más bella descripción del amor. En esa porción, superó la sensibilidad de los poetas, la profundidad de los filósofos y la serenidad de los pensadores.

En el capítulo 13 de la primera carta a los corintios, afirma que el amor es la base de la vida. Una persona puede hablar todos los idiomas, pero si no tiene amor, es como el bronce que emite sonidos, pero no tiene vida. Una persona puede conocer todos los misterios de la ciencia y de la teología, pero si no tiene amor, todo su conocimiento acerca de Dios será vacío y no tendrá sentido de vida.

Revelando una sobriedad impresionante, Pablo dijo que el amor es paciente y benigno, que el amor estabiliza las emociones haciéndolas serenas y tranquilas. La ausencia del amor por Dios, por la vida, por las personas, por el trabajo produce ansiedad y egoísmo. Pablo consiguió aprender el alfabeto de la mansedumbre y de la bondad solo después que pasó a amar. El amor no sufre por celos, no se exalta, no actúa insensatamente, no busca sus intereses, no guarda rencores. Pablo siempre había hecho de su emoción un depósito de basura. Los problemas lo invadían y perturbaban. Se creaba enemigos gratuitamente. Era una persona trastornada y conflictiva. La paz no era parte de su historia. Deseaba destruir a los demás porque era autodestructivo. En la medida en que comenzó a transformar la mente y a desobstruir la emoción, fue abandonando cada vez más el apego a sus propias ideas y a la necesidad de que el mundo girara en torno de sus verdades. Quien no acepta ser contrariado y se pone por encima de los demás es inmaduro. El verdadero amor no se exalta, no es víctima del orgullo, no busca sus propios intereses. El amor sólido no se alegra con la injusticia, no tiene miedo de sufrir, de entregarse, cree fácilmente y tiene esperanza sólida de que días mejores vendrán.

Me gustaría, algún día, escribir un libro sobre todos los temas a que Pablo se refirió. Es un tema inagotable. El amor vence todos los trastornos emocionales. El amor supera todas las crisis familiares. El amor hace ricos a los miserables. Hace de la vida una hazaña. El amor cambia el ángulo de visión de los problemas: los gigantes se vuelven pequeños, y las montañas, minúsculas piedras.

¿Qué hombre es ése que da recomendaciones en medio de tanto dolor? ¿Qué hombre dice que la vida es encantadora mientras el mundo se desmorona sobre él? El hombre que en el pasado hirió y torturó, después fue capaz de un amor incomprensible para la humanidad.

Los cambios en las bases conscientes e inconscientes indican que Pablo no mejoró solamente su carácter, sino que se volvió un nuevo hombre. Su cambio deja asombrado a cualquier investigador de la psicología. Representa una de las más revolucionarias transformaciones de la personalidad de un ser humano en toda la historia. Representa una gran exclamación de esperanza. Si Pablo cambió tanto, cualquiera persona puede alimentar esa misma esperanza.

La vida que encontró en Cristo lo liberó del caos y lo hizo vivir intensamente haciendo de cada momento una experiencia única, un poema de amor. Él demostró, en cada uno de los valles emocionales que cruzó, que jamás debemos desistir de la vida, con todas las pérdidas, decepciones, desencuentros, frustraciones. Raramente el dolor ha producido tanta inspiración y un vivir tan apasionante. Pablo fue un hombre feliz en una tierra de infelices.

11 | Una carta de amor: el final de la historia de los discípulos

¿Dónde está el amor?

Al amor se lo describe en los libros, se lo proclama en las poesías, se lo canta en la música, se lo filma en el cine. A pesar de ser el fenómeno psicológico más procurado de la historia, es el menos comprendido.

Reyes buscan el amor en el poder, sin encontrarlo. Los famosos lo buscan en los aplausos, pero muchos mueren solitarios. Los ricos pretenden comprarlo con sus fortunas, pero el dinero, aunque compra el mundo, no compra el sentido de la vida. Poetas buscan encontrarlo en los versos, pero muchos se despiden de la vida sin poesía. Científicos lo ponen en las planchas de sus ideas, pero no consiguen entenderlo.

Para muchos el amor no es más que un espejismo. Lo buscan de forma errada en los lugares errados. Creen que se oculta en las grandes cosas, sin darse cuenta de que siempre está presente en las cosas más simples, diminutas, casi imperceptibles. En la sonrisa de un niño, en el beso de una madre, en el consuelo de un amigo, en las dádivas del Creador.

¿Dónde está el amor sencillo, ingenuo y arrebatador que rescata el sentido de la vida y nos hace sonreír cuando tenemos motivos para llorar? ¿Dónde está el amor que nos hace despertar por la mañana y decir que la vida es maravillosa, a pesar de todos nuestros problemas? ¿Dónde está el amor que nos hace tener esperanzas en alguien cuando sufrimos decepciones? ¿Dónde está el amor que trasforma el trabajo en un oasis bajo el calor de la competencia y de las relaciones estresantes? ¿Dónde está el amor que nos hace ver que la vida es una ventana para la eternidad aún cuando estemos llorando la pérdida de algún ser amado?

El clima social de la época de Jesús era el menos recomendado para hablar de amor. La miseria física y emocional, las presiones políticas y la discriminación florecían en el alma de los judíos. Solo había espacio para hablar de odio y de rebelión contra el Imperio Romano. Hablar de amor era un escándalo. En ese clima, Jesús creó un ambiente de amor casi irreal. Hombres con ambiciones, reacciones y personalidades distintas comenzaron a recitar poemas de amor.

El amor entre ellos transcendía la sexualidad y los intereses. Los pobres se volvieron ricos, los despreciados ganaron status de seres humanos, los deprimidos encontraron alegría y los ansiosos bebieron de la fuente de la tranquilidad. Jesús no dejó un símbolo, señal o dogma religioso que identificara a sus discípulos, solamente el amor: «En esto conocerán todos que sois mis discípulos, si tuviereis amor los unos por los otros». El verdadero discípulo no era el que erraba menos, el más ético o el más puro, sino aquel que sabía amar.

Una persona podía hacer oraciones todo el día, enaltecer a Jesús y ser un predicador de sus palabras, pero, si no amaba, no era un discípulo, solo un simple admirador. Jesús sabía que solamente el amor sería capaz de acercar entre sí a personas de culturas, religiones, personalidades, opiniones, razas y nacionalidades distintas.

El amor destruye el individualismo, pero no la individualidad

Al aprender el lenguaje del amor, los discípulos perdieron lentamente el individualismo, pero no la individualidad. Mantuvieron su identidad, sus características particulares, sus preferencias, sus gustos, sus reacciones. Los discípulos seguían teniendo personalidades diferentes. Pero, ¿cuál era la personalidad preferida por Jesús? ¿La sensible como la de Juan, la decidida como la de Pedro o la perspicaz como la de Pablo?

Jesús no demostró cualquier preferencia. El Maestro Inolvidable respetaba y apreciaba las diferencias. Solamente deseaba saber si el amor irrigaba o no la personalidad de ellos. El amor corrige rutas, tranquiliza la emoción, trae lucidez al pensamiento, rompe la estructura del egoísmo. El amor nos hace iguales, a pesar de todas las diferencias.

El cristianismo está dividido en muchas religiones. Cada uno sigue la suya de acuerdo con la propia conciencia, pero es raro percibir un amor ardiente entre cristianos de religiones distintas. Es raro encontrar expresiones de afecto, reuniones sociales u oraciones en común entre aquellos que no comparten las mismas ideas. Jesús comía tanto en la casa de un fariseo como en la de un cobrador de impuestos. Valoraba a los éticos y daba especial atención a los inmorales. ¡Amaba a personas muy diferentes!

¿Dónde está el amor en los días actuales? Las personas pueden estar divididas en distintas religiones pero es inaceptable que el amor esté dividido, pues si lo estuviere, se disolvería con el calor de nuestras diferencias. Quien no ama no tiene sueños, no se pone en el lugar de los otros, no sabe comprenderlos.

Muchos cristianos y miembros de otras religiones rotulan como débiles a aquellos que poseen trastornos emocionales. En lugar de amarlos y comprenderlos, los juzgan y condenan. Cometen una injusticia que solo quien no ama la comete. No saben que, en realidad, muchos pacientes deprimidos y portadores de otros trastornos psíquicos son las mejores personas de la sociedad, óptimas para los otros, pero pésimas para ellas mismas, pues no tienen protección emocional. Es el miedo de las críticas y del preconcepto que las lleva a no hablar acerca de su propio dolor.

El Maestro del Amor se opone completamente a esa forma de preconcepto. La noche en que fue traicionado, él, que alcanzó el tope de la salud psíquica, derramó lágrimas sin miedo y no disfrazó su dolor. Al permitir que sus discípulos observaran su dramática angustia y estrés, deseaba que entendieran no solo la dimensión de su sacrificio, sino que aprendieran a amar, comprender y a dialogar con los heridos del alma.

Pero, ¿dónde está el poema del amor proclamado por Pablo y que alivia a los abatidos por la depresión y por la ansiedad? ¿Dónde están los besos de amor anunciados por Pedro que alivian a los frustrados y a los desesperados? ¿Dónde está el saludo caluroso de Juan, que exalta a todos, nombre por nombre, como amigos, y es capaz de hacer que los afligidos se sientan amados y queridos? Hablar de Jesucristo sin amor es hablar de un banquete sin comida.

Hoy parece fácil decir que se es cristiano; de hecho, más de dos billones de personas lo afirman. Declararse cristiano hasta da categoría social. Pero, puede ocurrir que cuando ésta está en un primer plano, el amor puede que esté en el último.

El Islam es una religión que tiene tradiciones cristianas y judías. Pero la mayoría de los islámicos desconocen que Mahoma exalta a Jesús en prosa y verso llamándolo «Su Dignidad» en el libro sagrado de los musulmanes. Entre tanto, ¿dónde está el amor proclamado por Jesús entre los radicales del islamismo?

Los ataques terroristas que destruyen vidas escriben una carta de odio, y no de amor. Es raro ver cristianos amar a musulmanes y a musulmanes amar a cristianos. El odio y los rencores han prevalecido. El amor se volvió una ilusión.

No ponga condiciones para amar

Necesitamos enamorarnos de la especie humana, como lo hizo el Maestro de la Vida. Debemos quedarnos fascinados con las reacciones de un mendigo, con las alucinaciones de un paciente psicótico, con las peripecias de un niño, con las reflexiones de los ancianos. Cada ser humano es una caja de secretos. Cada ser humano merece el Oscar o el Premio Nobel por la vida misteriosa que hay dentro de él.

Al analizar la personalidad de Jesús, una vez más me convencí de que la uniformidad es estúpida. La belleza está en amar las diferencias, en no exigir que los otros sean iguales a nosotros para que los amemos. Jesús fue afectuoso con Judas en el momento de la traición y acogió a Pedro en el momento de la negación. Él los amó, a pesar de sus diferencias. Si amó a personas que lo decepcionaron tanto, fue para mostrar que no debemos exigir condiciones para amar.

¡El ejemplo del Maestro me llevó a amar a personas muy diferentes de mí! Personas que poseen puntos de vista diferentes del mío, que adoptan prácticas de las cuales no participo. A pesar de discordar de las creencias y convicciones de los demás, usted debe preservar su amor por ellos y respetar su lógica, su inteligencia, su verdad, sus opiniones y no simplemente desecharlos.

Si Jesús perdonó a sus verdugos mientras todas sus células morían, ¿quiénes somos nosotros para exigir, en nuestro bienestar egoísta, que personas que piensan diferente de nosotros cambien para que podamos amarlas? Los cristianos no solo deben amar a otros cristianos, sino que, si realmente viven lo que vivió Jesús, amarían también a los budistas, a los islámicos, a los ateos.

El modelo que ofrece el Maestro de la Vida es elocuente. Él amó tanto a la gente que jamás presionó a nadie para que lo siguiera. No imponía sus ideas, sino que las presentaba con claridad y encanto, dejando que ellas decidieran qué camino tomar. En lugar de dar una orden, hizo una bella invitación: «El que quiera venir en pos de mí, sígame», «El que tenga sed, venga a mí y beba», «Quién de mí se alimenta, jamás tendrá hambre». El amor respeta el libre albedrío, la libre decisión.

Los que imponen condiciones para amar tendrán siempre un amor débil. Nuestra especie sufrió el dolor de las guerras y de la esclavitud porque escuchó hablar del amor pero no lo conoció.

Los padres que exigen que sus hijos cambien de actitud para poder hacerles un elogio y ser afectivos con ellos difícilmente los conquistarán. Los profesores que exigen que sus alumnos sean serenos y tranquilos para educarlos no los estarán preparando para la vida. Los que exigen de las personas cercanas que dejen de ser complicadas, tímidas o individualistas para involucrarlas y ayudarlas no contribuirán a su crecimiento. El mundo está lleno de personas críticas. Las sociedades necesitan de personas que amen.

Primero viene el amor, luego, los resultados espontáneos. Exigimos mucho porque amamos poco. Jesús no impidió que Pedro lo negara y que Judas lo traicionara. Con su inteligencia extraordinaria pudo haberlos puesto contra la pared, presionarlos, criticarlos, avergonzarlos, pero no lo hizo. Les dio plena libertad para que lo dejaran. Jamás el amor fue tan sublime.

La abundancia de amor trasforma en príncipes a los anónimos, a los paupérrimos y a los indoctos. La escasez de amor torna miserables a reyes, a ricos y a los intelectuales. El amor comprende, perdona, liberta, tolera, anima, alienta, incentiva, espera, cree.

Los sueños murieron

Nuestra inteligencia es lógica y lineal. Ella nos conduce a explorar el mundo físico, pero es simplista para producir seres humanos que exploren su mundo emocional y se hagan los autores de su propia historia. Estamos tan poco preparados para la vida que no nos damos cuenta de cuánto nos entorpece el sistema social. Nuestra alma dejó de ser una fuente de tranquilidad y se volvió un nido de ansiedades. ¿Dónde están las personas cuyas emociones son serenas, como el rocío de la mañana?

Nos trasformamos en máquinas de trabajar y de solucionar problemas. Si sobra tiempo, cuidamos de nuestra calidad de vida. Algunos solo cambian de actitud y buscan un sentido noble para su vida cuando son atacados por enfermedades graves o cuando pierden a las personas que aman.

Felizmente no vivimos en un clima de guerra mundial. Pero vivimos una guerra dentro de cada uno de nosotros, una guerra de pensamientos cada vez más acelerados. No estamos en los tiempos de la esclavitud física, pero miles de personas son esclavas de sus propios pensamientos.

Las personas más responsables gastan energía vital del cerebro con preocupaciones y problemas que aún no ocurrieron, o con hechos pasados. Viven fatigadas, agitadas, sin concentración, olvidadizas. Abominan su rutina. El escenario de sus mentes no se calma. Viven para pensar en lugar de pensar para vivir. Así, destruyen el encanto de la vida.

Jesús buscaba solucionar constantemente la ansiedad de sus discípulos. Contemplaba las flores, le gustaba hacer caminatas por campos y ciudades y se daba tiempo para cenar en la casa de los amigos. Era tan sociable que tenía valor para invitarse a una comida en la casa de las personas que no conocía, como Zaqueo. Le gustaba narrar historias. La gente quedaba fascinada con sus parábolas.

Para Jesús, la vida era bella y sencilla, pero él creía que nosotros la complicamos demasiado. No quería que sufriéramos con antelación. Buscaba demostrar que el sistema en que vivimos, incluyendo status, dinero, fama, ansiedades, es solo un juego en el tiempo. Quería que supiéramos que la vida es un fenómeno indescifrable; que desde el punto de vista científico, nadie es mayor que nadie. Diariamente entramos en los laberintos de la memoria y construimos cadenas de pensamientos sin saber dónde están archivados los ladrillos que los forman. Intelectuales e indoctos, ricos y paupérrimos tal ves no perciban cuán semejantes son en la esencia de su inteligencia.

Jesús tenía esa conciencia. Era un enamorado del ser humano. Solamente eso explica por qué se arriesgó a morir por causa de una meretriz. Su actitud nos deja perplejos. Sobrepasa los sueños de los más nobles humanistas. Las fallas cometidas por las personas podrían entristecerlo, pero a él lo fascinaba el pequeño e infinito mundo de nuestra personalidad.

Una de las cosas que más deseo enseñar a mis tres hijas, y creo que lo estoy consiguiendo, es que, detrás de cada ser humano hay un mundo por descubrirse. Cada ser humano, por más defectos que tenga, oculta una rica historia, escrita con lágrimas, sueños, pérdidas, alegrías, pasiones, desencantos. Descubrirla es como hallar oro. Triste es el caso de los psiquiatras y médicos clínicos que tratan enfermedades y no a enfermos, porque dentro de cada ser humano enfermo hay un mundo fascinante.

Al contrario de nosotros, Jesús sentía placer en penetrar en el mundo de las personas. Habría sido de esperar que su mente, preocupada con millones de problemas, fuera incapaz de dar una atención especial a cada uno. Hasta pudo haber tenido motivos para eso pues su tiempo era poco. Sin embargo, y para sorpresa nuestra, detuvo a toda una multitud cuando se trató de dar atención especial a un ciego, a un mendigo o a los niños. Al conocerlo, los que vivían al margen de la sociedad se sintieron como príncipes.

Jamás la vida valió tanto. Los comportamientos del Maestro de la Vida animaron a las personas a buscar un encanto para la existencia, en el árido suelo de sus miserias psíquicas y sociales. Sus actitudes nos hicieron creer que vale la pena vivir la vida, a pesar de todas nuestras lágrimas y decepciones.

Su actitud contagió a los discípulos, quienes dejaron sus barcos, su futuro, sus expectativas, sus ciudades y siguieron a Jesús. Aprendieron con él a escribir, a cada momento, una carta de amor.

Pero, ¿será que desistieron cuando llegaron las persecuciones y los arrestos? ¿Abandonaron el sueño de su Maestro cuando se enfrentaron al caos? Es sorprendente, pero, ¡No! Los discípulos amaron tanto a Jesús, que siguieron escribiendo la carta de amor hasta que cerraron los ojos para esta vida.

Ellos murieron por causa de sus sueños. El sueño de poner la otra mejilla, el sueño de la felicidad inagotable, el sueño del amor que lanza fuera todo miedo, el sueño de la inmortalidad, el sueño de que la vida es un espectáculo imperdible. Jamás momentos tan angustiantes mostraron tanta poesía.

Veamos qué nos cuentan algunos historiadores* acerca de los últimos momentos de los discípulos.

Los datos históricos han sido organizados e interpretados.

---

*Paul Allard, *Histoire des Persecutons* [Historia de las persecuciones] (Paris, 1903-1908).

Henry Bettenson, *Documentos de la Iglesia Cristiana* (Londres: Oxford University Press, 1967).

Daniel-Rops, *A igreja dos Apóstolos e dos Mártires* [La iglesia de los apóstoles y de los mártires] (São Paulo: Quadrante, 1988).

John Foxe, *El libro de los mártires* (CLIE, 2008).

B.J. Kidd, *Documents Illustrative of the History of the Church* [Documentos ilustrativos de la historia de la iglesia] (London, 1920), pp. 1-313.

J.A. Stevenson, *A New Eusebius, Documents Illustrative of the History of the Church* [Documentos ilustrativos de la historia de la iglesia] (London, 1957), pp. 1-337.

Marcel Viller, *La Spiritualité des Premiers Siècles Chrétiens* [La espiritualidad de los cristianos del primer siglo] (Paris, 1930).

Apéndice El fin de los discípulos: Los sueños que nunca murieron

Jacobo, Tomás y Bartolomé: las lágrimas que nunca borraron los sueños

Jacobo, el hermano de Juan, fue el primero de los doce en ser juzgado y condenado por seguir y amar al vendedor de sueños. Había sido un joven independiente y ambicioso; ahora, su ambición era poder aliviar el dolor de las personas, y ayudarlas a encontrar la más excelente fuente de amor.

Jacobo se convertiría en un hombre estable, muy diferente del joven frágil e inseguro de los tiempos en que dejó los barcos de su padre. El final de su vida tiene eventos sorprendentes. El responsable de conducirlo al banco de los reos, viendo que lo condenarían, quedó muy perturbado. De acuerdo con el historiador Clemente, se sintió tan conmovido que, camino a la ejecución, admitió, para sorpresa de todos, que él también era cristiano.

Es probable que, por primera vez, un verdugo haya abrazado a un reo y decidido morir con él. Durante el trayecto, pidió a Jacobo que lo perdonara. Este, que había aprendido a perdonar se volvió a su acusador y en una actitud sublime, lo besó, lo llamó mi hermano y le deseó la paz.

Los dos fueron decapitados. Era el año 36 d.C. Jacobo fue el primer discípulo de Jesús en despedirse de la vida con una serenidad cristalina.

Tomás era desconfiado e inseguro. Creía solamente en sus instintos, en lo que podía ver. Pero las semillas que Jesús plantó crecieron en él. Lo controló el amor del Maestro, amor que divulgó en tierras lejanas. A través de sus palabras, los sueños de Jesús llegaron a medos, partos, persas y otros. Aunque vivían en un reino humano injusto en el que la mayoría moría en la miseria y pocos tenían grandes privilegios, muchos entraron en el Reino de Dios.

El fin de Tomás fue conmovedor. Padeció en una ciudad de la India. Una flecha le quitó la vida. Mientras la vida se le escurría por la herida, él mantuvo viva la esperanza. Debe haber recordado sus tiempos de inseguridad, cuando estaba dispuesto a creer solo si veía en las manos de Jesús las marcas de los clavos (Juan 20.25). Ahora estaba herido, pero el dolor y la sangre que se escurrían por la herida no destruyeron sus sueños. Él soñaba con la eternidad.

Dicen que Bartolomé, un discípulo a quien solo se lo nombra en los evangelios, fue grande en el anonimato. Anunció las sublimes palabras del Maestro de los Maestros a los hindúes. Tradujo el evangelio de Mateo para el idioma de ellos, pues quería que todos fueran contagiados con la justicia de Dios y con el amor y la inteligencia de Jesucristo.

Su osadía le costó caro. Hombres perversos que nunca entendieron el valor de la vida lo abatieron a golpes y después lo crucificaron en la gran ciudad de Armenia. Como si no bastara ese dolor horrible, lo decapitaron. La brutalidad de su muerte contrasta con el perfume de sensibilidad que brotaba de su interior. Aunque Bartolomé cerró los ojos para siempre, sus sueños siguieron vivos.

Felipe y Andrés: un valor imperturbable

Felipe, fino y osado, fue divulgando la palabra de su Maestro por ciudades y pueblos. Había una llama incontrolable que fluía de lo íntimo de su ser. Los sueños de Jesús estaban lejos de materializarse fuera de él, pero se hicieron reales en su ser. Para Felipe, valía la pena vivir, aun en medio de las persecuciones más intensas. Ayudar a los demás y guiarlos para que encontraran el sentido de la vida era más importante que todo el dinero del mundo. Trabajó mucho entre las naciones bárbaras.

Según la tradición, fue crucificado en Hierápolis, Frigia, en Asia Menor y luego rematado a pedradas.

Felipe usaba la energía de cada célula de su cuerpo para hablar de alguien que revolucionó su vida. Después que se volvió un seguidor de Jesús, aprendió que en el mercado de la vida el individualismo y el egoísmo siempre fueron un artículo común y barato. El amor, al contrario, siempre fue y sigue siendo un artículo precioso para hombres especiales.

Andrés, hermano de Pedro, también tuvo un final trágico. Por orden del gobernador Egeas murió crucificado en la ciudad de Patras de Acaya, Grecia, en el año 60 d.C. habiendo predicado, según la tradición, en el Ponto, Bitinia, Escitia y Tracia. Según Bernardo y Cipriano la confesión y el martirio de Andrés no podrían haber sido más osados.

Andrés, como Jesús, no controlaba a las personas, solamente las invitaba a adherirse a su sueño. Quienes aceptaron la invitación aprendieron a amar ardientemente al Maestro de la Vida. Para los egipcios, que no lo conocían, Jesús no era más que un judío. Nada más absurdo para ellos que amar y seguir a un judío.

El gobernador Egeas se enfureció por el movimiento que se produjo en torno de Andrés. Decidió, por tanto, eliminar a los cristianos, la secta que el Imperio Romano mandara a abolir. Así, con pleno consentimiento del Senado, juzgó digno matar a los seguidores de Jesús y ofrecer sacrificios a sus dioses. Andrés podría haberse protegido y retrocedido, pero prefirió ser condenado a callar constituyéndose entonces en defensor de los seguidores del Maestro de la Vida.

Enfrentando a Egeas en el juicio al que fue sometido, Andrés le dijo que le convenía a quien quisiera ser juez de hombres conocer primero al Juez que habita en los cielos y, después de eso, adorarlo. El gobernador, dominado por el odio, consideró su actitud una insolencia. Mandó a amarrarlo y crucificarlo inmediatamente. Quería que la muerte de Andrés sirviera de ejemplo para que nadie más se hiciera cristiano. Pero el mayor favor que se puede hacer a una semilla es sepultarla.

Habría sido de esperar que Andrés se intimidara ante la muerte, fuera dominado por el miedo e invadido por una descontrolada ansiedad. Él, como los otros discípulos, había sido dominado por el miedo cuando Jesús, años antes, fue arrestado en el jardín de la traición. Huyó como oveja delante de los lobos. El tiempo pasó, y ahora era un hombre maduro y valiente. Las semillas y los sueños que el Maestro de los Maestros plantara en el suelo de su personalidad crecieron. Por eso, sus reacciones delante del fin de la vida fueron admirables. Relatos de historiadores revelan que ni siquiera cambió su semblante.

Bastaba que negara todo aquello en lo que creía para salir libre. Pero él, demostrando una convicción inconmovible, exclamó: « ¡Oh cruz, extremadamente bienvenida y tan largamente esperada! ». La muerte era una ventana a la eternidad. Y Andrés no se doblegó ante ella.

Demostrando una fuerte estructura emocional, completó su pensamiento diciendo que era un discípulo de aquel que abrazara la cruz y, que hacía mucho él también deseaba abrazarla. Al ser crucificado, expresó que había valido la pena dejar el mar de Galilea y volverse pescador de hombres.

Marcos y Mateo: dos evangelistas que se despidieron de la vida con dignidad

Marcos, el evangelista, divulgó solemnemente el mensaje del Maestro de la Vida en Egipto. En los papiros escribió los detalles de la vida de Jesús, y en los corazones clavó sus palabras. Muchos, bajo el calor de sus mensajes recobraron el ánimo por vivir. Descubrieron que el hombre Jesús, que creciera en Galilea, era un médico del alma que comprendía las heridas de los abatidos y la angustia de los desesperados.

Algunos líderes de Egipto no entendieron los delicados mensajes de Marcos. Colmados de odio, lo amarraron y lo arrastraron a la hoguera. El discípulo murió injustamente, murió porque inspiraba a los seres humanos a soñar con el amor. Lo quemaron vivo y después de muerto lo sepultaron en un lugar llamado «Búcolus». Las llamas le provocaron un sufrimiento indescriptible, trasformando en cenizas su frágil cuerpo. Pero ninguna hoguera podría haber aniquilado las llamas de sus sueños.

Marcos sufrió mucho al despedirse de la vida, pero mientras vivió fue un hombre completo y realizado. Lo que él escribió, encendió el corazón de millones de seres humanos en todas las generaciones. Hasta hoy sus elocuentes escritos queman como brasas vivas en el espíritu y en el alma de las personas, animándolas a no desistir de la vida, a encontrar esperanza en el dolor.

Mateo, el evangelista, el primer publicano trasformado en apóstol, escribió uno de los evangelios. La crítica literaria reconoció en ellos una grandeza intelectual y una elocuencia fascinantes. Jesús ya había partido hacía más de veinte años, pero sus palabras y parábolas quedaron grabadas en la memoria de Mateo. Escribió su evangelio en hebreo.

Mateo salió de Jerusalén por causa de las persecuciones. Fue a Etiopia y a Egipto y contagió a los pueblos de esas naciones con los sueños de su Maestro. Recibió por eso una retribución cruel. Hircano, el rey, mandó traspasarlo con una lanza. La herida provocada extinguió su vida, pero no su amor por Jesús. Él escribió en su evangelio: «Bienaventurados los mansos porque heredarán la tierra». Contrariando la historia, que siempre fue dominada por la violencia, Mateo aprendió con el Maestro de la Vida que la tierra se conquista con mansedumbre, con paciencia, con sensibilidad. Por eso, perdonó a sus enemigos, fue tolerante con los verdugos y paciente con los necios. Mateo cerró los ojos soñando con heredar una nueva tierra dónde habita la justicia, dónde no hay dolor, odio ni lágrimas.

Juan: el amor como fuente inagotable de rejuvenecimiento

Juan, como muchos otros, fue perseguido muchas veces durante su vida. En los tiempos de Nerón, los inofensivos cristianos eran torturados sin piedad. Mujeres, hombres y hasta niños sirvieron de alimento para las bestias, y de diversión para saciar la emoción insana y enfermiza de los líderes judíos. Vespasiano, el constructor del Coliseo, sucedió a Nerón. Bajo su reinado, los cristianos tuvieron algún descanso. Tito, su hijo, reinó por poco tiempo. En seguida, Domiciano, su hermano, subió al trono.

En el principio, Domiciano actuó de forma moderada. Posteriormente se envaneció de tal forma con el poder que cerró las ventanas de la memoria y obstruyó la capacidad de pensar con lucidez. Deseaba ser adorado como un dios. Su obsesión era tanta que mandó construir imágenes de oro y plata en el Capitolio romano.

Jesús, el Hijo de Dios, fue tan poco interesado en el poder que se postró ante sus discípulos y les lavó los pies. Domiciano, por su parte, un simple mortal, quería que los hombres se postraran ante él. ¡Qué contraste! Solamente las personas pequeñas anhelan ser más grandes que las demás. Solamente las personas inseguras de su propio valor controlan a las otras, y quieren que ellas graviten en torno de su órbita.

Los débiles controlan, los fuertes libertan. Jesús nunca despersonalizó a sus seguidores. En lugar de eso, siempre fortaleció la capacidad de ellos. Seguirlo era una invitación para ser libres en la única área dónde jamás deberíamos ser esclavos: dentro de nosotros mismos. Infelizmente, en los días actuales las personas no son tan libres como en otras generaciones, porque viven encarceladas dentro de sí mismas por pensamientos negativos, preocupaciones, miedo del mañana.

Domiciano no podía admitir que en su imperio un judío fuera más admirado que él. Por eso persiguió implacablemente a los cristianos. A Juan lo desterró a la isla de Patmos. No respetó su edad avanzada. Juan era, por ese entonces, un anciano que solo inflamaba en los demás el fuego del amor por la vida. Más tarde, los romanos no soportaron el yugo del emperador que quería ser inmortal y lo asesinaron. Juan recobró su libertad en el año 97 d.C. Se radicó entonces en Éfeso donde permaneció hasta el reinado del emperador Trajano.

A pesar de sus años, Juan conservaba plenamente su motivación. Escribió cartas vibrantes. Para él, todos los que seguían a Jesús, jóvenes o ancianos, eran tratados como hijitos. Los amó intensamente.

El amor lo trasformó en un hombre libre, incluso cuando estaba encarcelado. En la actualidad, muchos son libres, pero viven aprisionados en el territorio de la emoción. Muchos teniendo motivos para sonreír son infelices porque no encuentran una razón sólida para vivir. Juan tuvo todos los motivos para ser un deprimido y presa de la ansiedad, pero el amor rompió los grillos del miedo y de la angustia e hizo de su vida una gran aventura. Quien no ama, envejece precozmente en el cuerpo y en la emoción. Se vuelve insatisfecho, un especialista en murmurar.

Más de sesenta años habían pasado desde la muerte de Jesucristo. Era tiempo suficiente para que se hubieran borrado la memoria y el entusiasmo de Juan. Pero el amor que sentía por el Maestro de la Vida era una fuente misteriosa de rejuvenecimiento. Pese a haber pasado por soledades y persecuciones, su vida se trasformó en un jardín de sueños.

Pedro aprendió a valorar más a los demás que a sí mismo. Erró mucho, pero amó más. La tolerancia irrigaba su alma. Presenció algunas disensiones entre los discípulos pero aprendió a actuar con amabilidad e inteligencia. Las confrontaciones entre los discípulos relatadas en el libro de Hechos y en las cartas a los corintios y a los gálatas tienen gran significado para la investigación psicológica porque indican que ellos eran normales y no sobrenaturales, que aprendieron a dialogar y a superar con sabiduría sus dificultades.

En la carta a los gálatas, Pablo comenta que él y Pedro tuvieron un desentendimiento. Pero los dos se amaban. Aprendieron con Jesús que la grandiosidad de un ser humano está en su capacidad de hacerse pequeño, de escuchar sin temor ni preconceptos lo que los demás tienen que decirnos.

Al final de su vida, Pedro mostró en una de sus cartas un afecto impresionante para con Pablo, con lo que quedó demostrado que no había resentimientos entre ellos. Él lo trataba de amado hermano Pablo, demostrando una habilidad para superar divergencias, algo raro en los días actuales. Nada es tan cariñoso y tierno como esa expresión.

Pedro salió de Jerusalén y fue exhalando por donde pasaba el perfume del Maestro del Amor. Se volvió líder en perdonar. Por fin, también fue condenado. Algunos relatos dicen que fue crucificado en Roma. Según Hegesipo, el emperador Nerón buscaba pruebas para condenar a Pedro. Ante esa eventualidad, algunos creyentes le pidieron insistentemente que huyera.

Así lo hizo, pero al llegar a las puertas de la ciudad sintió que algo lo quemaba por dentro. Se acordó de su Maestro, quien había enfrentado las aflicciones y el caos en silencio y con la mayor dignidad. Entonces, contrariando a todos, regresó. El historiador Jerónimo dice que lo crucificaron después de haberlo condenado como un vulgar criminal. Pero el único crimen que cometió Pedro fue el de amar, perdonar, tolerar y preocuparse de los demás.

Cuenta la tradición que al ser crucificado no se sintió digno de morir de la misma forma que Jesús por lo que pidió que lo clavaran en la cruz con la cabeza hacia abajo. Es probable que en el momento de la crucifixión Pedro haya mirado dentro de sí y encontrado los ojos sublimes de Jesús confortándolo, como lo hiciera en el patio del Sanedrín. Ahora, sin embargo, no sentía vergüenza, pues no lo estaba negando, sino que estaba diciendo al mundo entero cuánto amaba a su Maestro. El miedo se disipó, el amor prevaleció.

Mientras moría, Pedro soñaba el mayor de los sueños, soñaba que el Maestro de la Vida y él nunca más se separarían.

Pablo

Pablo se hizo famoso en Roma. Su elocuencia era imbatible. Quien entraba en contacto con él tenía grandes posibilidades de cambiar para siempre la ruta de su propia vida. Anteriormente, él había deseado apagar el incendio producido por Jesús en el alma de los hombres. Ahora era el mayor incendiario.

Usó toda su inteligencia para divulgar la grandeza poco visible del carpintero de Nazaret, para mostrar que Jesús había vencido el caos de la cruz y que su muerte se trasformaba en la ventana para la eternidad.

Lo consideraron loco, tal como en tiempos pasados él llamara locos a los que seguían a Jesús. Fue torturado en repetidas ocasiones y tuvo pocos momentos de descanso. Tenía todos los motivos para callar y dejar de propagar los sueños de Jesús, pero nadie lograba silenciarlo, ni siquiera los frecuentes riesgos de muerte. Sus cabellos blanquearon, su piel quedó marcada por los azotes, su rostro por las noches mal dormidas, pero dentro de él había una energía inagotable. Muchos tienen motivos para ser felices, pero son tristes y ansiosos. Pablo tuvo todos los motivos para ser una persona triste y estresada, pero fue un ser humano feliz y sereno.

En sus últimos años estuvo preso en Roma. Pero su boca jamás se calló. En la cárcel, seguía hablando, promoviendo reuniones y convocando a judíos y romanos. De entre estos últimos, muchos soldados entraron en los sueños de Jesús. No pocos guardias encargados de vigilarlo cambiaron para siempre sus vidas.

Cuando ocurrió la primera gran persecución en Roma, Nerón tuvo la oportunidad de acabar con la vida del hombre que contagiaba a los romanos con el sueño de la eternidad. En una situación desesperada, el emperador envió a dos de sus fuertes escuderos, Feregas y Partemio, para que silenciara al dócil Pablo.

¿Dónde estaba Pablo en ese momento? Enseñando.

El ambiente en Roma era tenso. Los cristianos eran vistos como si fueran portadores de lepra. Cuando llegaron hasta donde estaba Pablo, los dos verdugos lo vieron enseñando al pueblo. El momento era conmovedor. De pronto, algo sucedió dentro de ellos. Lo que oyeron los impresionó y en una actitud sorprendente, le pidieron que orara por ellos para que también pudieran creer. Pablo los miró y les dijo que en breve creerían pero por sobre su tumba. Estaba consciente de su fin y de que su muerte aún produciría frutos.

Poco tiempo antes, había escrito una carta a los filipenses revelando una valentía sin precedentes ante la muerte. Pablo vivió una vida intensa. Sufrió mucho, pero amó más aún. Cruzó el valle de la angustia, pero bebió de la fuente del gozo. Fue tan feliz que tuvo el valor de, estando encarcelado, recomendar a sus lectores que fueran felices: «Estén siempre gozosos». ¿Qué misterio es ése que hizo a hombres felices en situaciones tan miserables? ¿Qué secretos se ocultaban en lo íntimo de sus espíritus que los tornaban bienaventurados en lugar de desesperados?

Pablo también soñaba con una patria superior. En esta tierra él se consideraba un huésped pasajero. Su corazón buscaba un reino de alegría, paz y justicia. Los soldados de Nerón lo condujeron fuera de la ciudad. Allí él oró, hablando con el Dios que vivía en lo profundo de su ser aunque nunca lo haya visto.

Después de ese momento, se despidió de esta vida tan bella y compleja, tan rica y llena de decepciones, tan larga y, al mismo tiempo, tan corta. Como tenía ciudadanía romana, no lo crucificaron. En su juventud, llevó a la muerte a muchos seguidores de Cristo. Ahora, le había llegado el turno a él. Con un valor tremendo, ofreció su cuello a los verdugos quienes lo decapitaron sin más trámite.

Tal vez muy pocos hayan amado tanto a la humanidad como Pablo. Aprendió con el Maestro del Amor a valorar a cada ser humano como una joya única. Consideró a los esclavos, a los pobres y a los excluidos tan importantes como los reyes y los nobles.

Troncharon su vida pero no sus sueños. Murió por ellos. Lo que Pablo escribió acerca de Jesucristo incendió el mundo. La historia jamás fue la misma después de sus bellas, profundas y poéticas cartas.

¿Por qué vale la pena vivir?

Sería de esperar que las personas del siglo XXI fueran alegres, tranquilas, divertidas, gracias a la multimillonaria industria del entretenimiento a que tienen acceso. Pero, lejos de eso, vemos a la gente estresada, bloqueada, triste. Sería de esperar que el acceso a la tecnología y a los bienes materiales hiciera que las personas tengan más tiempo para ellas mismas. Pero la realidad muestra una tendencia totalmente opuesta: raramente dedican tiempo a las cosas que aman.

A pesar de vivir apretados en sociedades populosas, la proximidad física no trajo acercamiento emocional. El diálogo está muriendo. La soledad se volvió un hábito. Las personas aprenden durante años las reglas del idioma, pero no saben hablar de sí mismas. Los padres ocultan de los hijos sus emociones. Los hijos ocultan de los padres sus lágrimas. Los profesores se ocultan detrás de la tiza y de la computadora. Psiquiatras y psicólogos buscan solucionar, sin éxito, la soledad, pues ella no puede ser tratada dentro de las cuatro paredes de un consultorio.

Los seguidores de Jesús no poseían dinero, fama ni protección, pero tenían todo lo que los seres humanos siempre desearon. Tenían alegría, paz interior, seguridad, amigos, ánimo. Cada uno de ellos vivió una gran aventura.

Tuvieron grandes sueños y valor para arriesgar todo y transformarlo en realidad. Tal vez jamás hayan existido en la tierra personas tan realizadas, sociables y satisfechas. No tenían nada, pero lo poseían todo. Eran discriminadas, pero estaban rodeadas de muchos amigos. En algunos momentos parecía que habían perdido la esperanza y la fe, pero cada mañana era un nuevo comienzo. Cada derrota, una oportunidad para aprender, crecer y seguir en el camino.

Sufrieron como pocos, pero aprendieron a no murmurar. De sus bocas salía una gratitud diaria por el espectáculo de la vida. No exigían nada de los demás, pero daban todo lo que tenían. Fueron tolerantes con sus enemigos, aunque sus enemigos fueron implacables con ellos. Se volvieron amantes de la paz, fueron pacificadores de los afligidos, comprendieron la locura de los que se consideraban lúcidos. Fueron felices en una sociedad inhumana.

En la juventud tuvieron muchos traumas, pero el vendedor de sueños hizo algo que deja boquiabierta a la ciencia moderna: los trasformó en el grupo humano más inteligente y saludable. Las cartas que escribieron revelan características de personalidad que pocos psicólogos y psiquiatras han conquistado. Los sueños que vivieron coinciden con los más bellos sueños de la filosofía, de la psicología, de las ciencias de la educación. Mostraron que vale la pena vivir, aun cuando les quitaron la vida.

Detengámonos para reflexionar un poco. ¿Habrá nuestra vida alcanzado un significado igualmente grande? Jesús demostró de muchas formas la grandeza de la vida. ¿Comprendemos su valor?

¿Quiénes somos? Somos centellas vivas que brillan durante unos cuantos años en el teatro de la vida y después se apagan tan misteriosamente como se habían encendido. Nada es tan fantástico como la vida, pero nada es tan efímero y fugaz como ella. Hoy estamos aquí, mañana seremos una página de la historia. Un día, todos nosotros nos encontraremos en la soledad de una tumba, y allí no habrá aplausos, ni dinero, ni bienes materiales. Estaremos solos.

Si la vida es tan rápida, ¿no deberíamos, en esta breve historia del tiempo, buscar los sueños más bellos, las aspiraciones más ricas? ¿Qué hace que la vida tenga valor? ¿Vale la pena vivir? ¿Cuáles son los sueños que le dan orientación a nuestro trayecto? Muchos sufren de depresión, ansiedad, estrés, no solo por conflictos en la infancia sino por la angustia existencial, por el tedio que los desanima, por la falta de un sentido sólido en sus vidas.

Muchos tienen fortunas, pero mendigan el pan de la alegría. Muchos tienen cultura, pero les hace falta el pan de la tranquilidad. Muchos tienen fama, pero no hay colorido en su emoción. Crisis existencial, vacío interior y soledad son palabras que no formaban parte del diccionario de la personalidad de los discípulos del Maestro de los Maestros.

Cuando Jesús agonizaba en la cruz dijo frases inolvidables que inspiraron al centurión romano encargado de su martirio. Los verdugos que lo escucharon reconocieron su grandeza y comenzaron a soñar. En la muerte de sus discípulos, ocurrió el mismo fenómeno. La dignidad, la seguridad y la sensibilidad que demostraron en los últimos momentos hicieron que algunos torturadores se doblegaran. ¿Qué fenómeno interior es ése que deja extasiadas a la sociología y a la psicología?

Si, como yo hice, Nietzche, Karl Marx y Jean-Paul Sartre se hubiesen dado a la tarea de analizar la personalidad de Jesús y su influencia en la mente de los discípulos, probablemente no estarían entre los mayores ateos que pisaron esta tierra. Es posible que estuviesen entre sus más entusiastas seguidores.

Las sociedades humanas no comprendieron la grandeza de la personalidad de Jesús. Es imposible que alguien hiciera lo que él hizo y ser solo un ser humano. A pesar de ser tan humilde, su vida estuvo cercada de misterios. Millones de personas reconocen que él era el Hijo de Dios. Su comportamiento sorprendente y sus milagros confirman eso. Pero nunca alguien tan grande fue tan humano. Muchos hombres quieren ser dioses para estar por encima de los sentimientos comunes, pero él se enamoró de tal forma de la humanidad que quiso ser como nosotros, igual a usted y a mí.

Su personalidad no solo revela que él alcanzó el auge de la salud psíquica, sino que fue aún más lejos. Fue el mayor educador, psicoterapeuta, socio-terapeuta, pensador, pacifista, orador, vendedor de sueños, experto en hacer amigos de todos los tiempos. Muchos de los líderes religiosos de la actualidad que dicen seguirlo, desconocen esas magníficas áreas de su personalidad.

Analicé la inteligencia de Cristo criticando, investigando sus cuatro biografías, los evangelios, en distintas versiones. Estudié las intenciones conscientes e inconscientes de sus autores. Tal vez yo haya sido uno de los pocos científicos que investigaron la personalidad del Maestro de los Maestros.

Mi primera constatación fue que el hombre que dividió la historia no podría ser fruto de la ficción humana. Él no cabe en nuestra imaginación. Cristo anduvo y respiró en esta tierra. La segunda consecuencia de la investigación fue que, la grandeza de su personalidad expuso las fallas de mi personalidad. Me ayudó a comprender mis limitaciones y mi pequeñez.

El tercer resultado me sorprendió. Al analizar al vendedor de sueños, fui contagiado por él. Comencé a soñar sus más bellos sueños...

Que su vida también se trasforme en un jardín de sueños. Y cuando vengan las pesadillas, ¡jamás deje de soñar!

Se usaron las siguientes versiones de los evangelios: la Biblia de Jerusalén, João Ferreira de Almeida, King James y Recovery Version.

Acerca del autor

Augusto Cury es médico, psiquiatra, psicoterapeuta y escritor. Posee un posgrado en Psicología Social, y desarrolló la teoría de la inteligencia multifocal, acerca del funcionamiento de la mente y el proceso de construcción del pensamiento.

Sus libros ya vendieron más de dos millones de ejemplares en Brasil y en más de cuarenta países, destacándose entre ellos: *A ditadura da beleza e a revolução das mulheres* [La dictadura de la belleza y la revolución de las mujeres]; *O Futuro da humanidade* [El futuro de la humanidad]; *Padres brillantes, maestros fascinantes; Nunca renuncies a tus sueños; Tú eres insustituible,* y la colección *Análisis de la Inteligencia de Cristo.*

Cury también es autor de *Inteligência Multifocal* [Inteligencia Multifocal]; *Doze semanas para mudar uma vida* [Doce semanas para cambiar una vida] y *Superando o cárcere da emoção* [Superando la cárcel de la emoción].

Conferencista en congresos nacionales e internacionales, es también director de la Academia de la Inteligencia, instituto que promueve el entrenamiento de psicólogos, educadores y del público en general.

Para hacer contacto con la Academia de la Inteligencia, acceda al sitio Web www.academiadeinteligencia.com.br.

OTROS TÍTULOS DE LA COLECCIÓN ANÁLISIS DE LA INTELIGENCIA DE CRISTO

El Maestro de maestros

En el primer volumen de la colección, Augusto Cury hace un original abordaje de la vida de ese gran personaje, revelando que su inteligencia era mucho más grandiosa de lo que imaginamos.

El Maestro de las emociones

El segundo volumen de la colección hace un análisis de cómo Cristo navegó las aguas de los sentimientos e investiga por qué, a pesar de haber tenido todos los motivos para padecer de depresión y ansiedad, fue un ser alegre, libre y seguro.

El Maestro de la vida

En el tercer libro de la colección, Augusto Cury nos presenta las bellísimas lecciones de vida que Jesús nos dio en toda su historia, principalmente ante las dramáticas sesiones de tortura y humillación que ocurrieron en su juicio.

El Maestro del amor

En el cuarto volumen, conocemos el amor incondicional que Jesús tenía por el ser humano. Augusto Cury revela las reacciones y las profundas palabras declaradas por el maestro en su lecho de muerte.

Printed in the USA
CPSIA information can be obtained
at www.ICGtesting.com
LVHW030715050824
787165LV00013B/198